LES ENJEUX DU RÉFÉRENDUM

Denis Monière
LES ENJEUX DU RÉFÉRENDUM

QUÉBEC/AMÉRIQUE

450 est, rue Sherbrooke, Suite 801,
Montréal, Québec H2L 1J8
Tél.: (514) 288-2371

Pour la recherche nécessaire à la rédaction de cet ouvrage, l'auteur a reçu une subvention du *Comité d'attribution des fonds internes de recherche de l'Université de Montréal* (*CAFIR*).

DU MÊME AUTEUR

Le Développement des idéologies au Québec,
Éditions Québec / Amérique, 1977

Le Trust de la foi (en collaboration avec
Jean-Pierre Gosselin), Éditions Québec / Amérique, 1978

Les Idéologies au Québec: bibliographie,
Bibliothèque nationale du Québec, 1976

Critique épistémologique de l'analyse systémique,
Éditions de l'Université d'Ottawa, 1976

Photos
Page 17: Complexe Desjardins
Page 19: Michel Lussier
Page 39: O.N.F.
Page 107: Kovitek
Page 139: François Fortin
Pages 85, 133, 165, 185: La Presse

FC
2925.9
.S37
M625
1979

TABLE DES MATIÈRES

Introduction   7

Première partie: Les enjeux collectifs 17

Chapitre I:
Diverses théories pour comprendre le nationalisme   19

Chapitre II:
Le développement du nationalisme québécois 39

Chapitre III:
Le Québec a-t-il un avenir dans le fédéralisme
canadien? 85

Chapitre IV:
Le contenu de la souveraineté-association 107

Deuxième partie: Les enjeux particuliers 133

Chapitre V:
La bourgeoisie canadienne et la dépendance
du Québec (en collaboration avec TaVan) 139

Chapitre VI:
La nouvelle petite bourgeoisie et la souveraineté
politique du Québec 165

Chapitre VII:
Les classes populaires et la souveraineté
politique du Québec 185

Conclusion: Le temps des réalisations 203

INTRODUCTION

Pour la première fois de son histoire, le peuple québécois pourra bientôt se prononcer sur son avenir politique. Le référendum représente un moment historique où la collectivité doit effectuer un choix fondamental. C'est, parmi les mécanismes de décisions politiques, celui qui est le plus démocratique, car il implique que chacun des membres de la communauté participe à la détermination de l'orientation que prendra une société. Il est l'occasion d'un large débat public où s'affrontent diverses conceptions de la société, chacune ayant des implications concrètes à court et à long terme. Il permet à chacun d'influencer le choix collectif, soit en déposant un bulletin de vote, soit en se prononçant publiquement. Il permet en définitive de constituer un consensus, une base de solidarité sur laquelle se construira l'avenir. Le référendum donne l'occasion au peuple du Québec d'exercer son droit à l'autodétermination.

Jamais auparavant le peuple québécois n'a eu la possibilité d'intervenir dans la détermination des institutions et du régime constitutionnel dans lequel nous vivons. Les statuts politiques du Canada et du Québec ont toujours été définis par des intérêts étrangers et particuliers; ils ont souvent été imposés par la force des armes. Le peuple, dans son ensemble, n'a jamais été libre de dire son avis. Ainsi, le Traité de Paris (1763), l'Acte de Québec (1774), l'Acte constitutionnel (1791), l'Acte d'union (1840) ont été des décisions correspondant à une logique de domination, où il s'agissait avant tout de protéger les intérêts stratégiques de la métropole coloniale et de favoriser les intérêts économiques de la bourgeoisie marchande anglaise. Il n'était pas question alors de consulter la majorité de la population, qui était francophone. Au contraire, lorsque celle-ci voulut s'affirmer politiquement par le mouvement des Patriotes, l'oligarchie colonialiste utilisa le pouvoir des armes pour réprimer ce mouvement. Lorsque l'expansion du capitalisme britannique l'exigera et lorsque le rapport démographique s'inversera à l'avantage de la population anglaise, Londres accordera une autonomie administrative à ses sujets canadiens et reconnaîtra le principe du gouvernement responsable (1848) afin de permettre à la bourgeoisie canadienne de mieux organiser son marché. Ainsi, l'institutionnalisation de la démocratie parlementaire dans le cadre du Canada-Uni consacrera la subordination politique des Canadiens français. Ceux-ci revendiquaient depuis quarante ans des institutions politiques démocratiques dans le cadre du Bas-Canada (ce qui correspondait approximativement au Québec d'aujourd'hui). N'ayant pu vaincre l'oppression coloniale, ils n'auront d'autre choix que de se soumettre à la règle de la majorité et au jeu des partis dans une structure politique où ils ne pouvaient jouir d'aucune capacité d'initiative. L'oppression coloniale avait été remplacée par l'oppression nationale. Les choix collectifs étaient toujours faits par les autres. L'autodétermination était un principe valable pour le Canada-Uni et pour la majorité anglaise, mais il n'était pas question de reconnaître ce droit aux francophones. La vie politique canadienne était soumise aux impératifs de la bourgeoisie d'affaires et du jeu des partis politiques qui la représentaient. Cette logique fut aussi constitutive de la «Confédération» canadienne.

L'Acte de l'Amérique britannique du Nord (1867) qui dessinait les contours de la structure politique de l'État canadien ne fut pas le résultat de la volonté populaire. Cette constitution fut octroyée par le Parlement de Londres à ses loyaux sujets. La métropole britannique voulait se dégager de ses responsabilités administratives et militaires en Amérique du Nord, tout en maintenant le Canada sous son égide politique et économique. Les Canadiens ayant un

gouvernement responsable devaient assurer aussi la responsabilité financière de leur défense et de leur administration. D'autre part, avec la fin du traité de réciprocité
avec les U.S.A. (1864), la bourgeoisie canadienne avait
besoin de se construire un marché et d'élargir le réservoir
des ressources publiques, qu'elle comptait utiliser pour
soutenir ses entreprises de construction des chemins de fer
et ses projets d'expansion dans l'Ouest. De plus, le développement du commerce entre les colonies britanniques de
l'Amérique du Nord était entravé par les divers tarifs
douaniers et les diverses réglementations commerciales
particulières à chaque colonie. L'Acte d'union fut donc
modifié parce qu'il était devenu incompatible avec le développement des forces productives et les nécessités de
l'industrialisation. Ainsi, la Confédération des provinces
britanniques en Amérique du Nord fut un sous-produit
des exigences inhérentes à l'expansion du capitalisme. La
Confédération a facilité l'accumulation du capital en ga-
rantissant sur la base de la capacité fiscale du nouvel État
des prêts de Londres aux entreprises de construction des
chemins de fer[1]. Selon S.B. Ryerson, le facteur déterminant de la formation de la fédération canadienne fut l'essor
d'une industrie capitaliste canadienne-anglaise fondée sur
le développement des chemins de fer. Les rails furent donc
l'épine dorsale de la nation canadienne.

À l'origine du projet de changement constitutionnel,
les leaders anglophones désiraient un État unitaire et une
union législative, regroupant sous un seul gouvernement
toutes les populations des colonies britanniques en Amérique du Nord. Mais il leur fallait aussi tenir compte de la
réalité binationale du Canada-Uni et des intérêts spécifiques de leurs associés politiques canadiens-français qui,

---

1   Voir S.B. Ryerson, *Le capitalisme et la Confédération*, Montréal, Parti
     Pris, 1972; et Leo Panitch (ed.), *The Canadian State: Political Economy
     and Political Power*, Toronto, University of Toronto Press, 1977, p. 14.

pour résister à l'assimilation et à l'intégration, voulaient obtenir un système à caractère fédéral. Ce compromis tactique est bien illustré par une déclaration de John A. MacDonald, faite en 1865:

> Quant aux avantages comparatifs d'une union législative et d'une union fédérale, je n'ai jamais hésité à dire que si la chose était praticable, une union législative eût été préférable. J'ai déclaré maintes et maintes fois que si nous pouvions avoir un gouvernement et un Parlement pour toutes les provinces, nous aurions eu le gouvernement le meilleur, le moins dispendieux, le plus rigoureux et le plus fort. Mais... ce système... ne saurait rencontrer l'assentiment du peuple du Bas-Canada, qui sent que, dans la position particulière où il se trouve et professant une foi différente de la majorité du peuple sous la Confédération, ses institutions, ses lois, ses associations nationales, qu'il estime hautement, pourraient avoir à en souffrir[2].

MacDonald considérait en plus que le gouvernement central devait entretenir un rapport de type colonial avec les gouvernements provinciaux, rapport similaire à celui que le gouvernement impérial de Londres exerce envers ses colonies[3].

Une brève analyse du partage des pouvoirs entre le gouvernement fédéral et ceux des provinces illustre sans équivoque le caractère centralisateur du fédéralisme canadien. Dans la nouvelle constitution qui agrège au Canada-Uni les provinces du Nouveau-Brunswick et de la Nouvelle-Écosse, le gouvernement central a compétence pour tout ce qui concerne l'intérêt général du pays. Les pouvoirs des provinces sont limités à tout ce qui est d'intérêt local, particulier. De plus, l'introduction de l'article 91 attribue au fédéral le pouvoir de légiférer pour la paix, l'ordre et le bon gouvernement du pays. Cette clause est très extensive car elle donne au Parlement fédéral le droit de déclarer et

---

2   Cité dans J.-P. Charbonneau et G. Paquette, *L'Option,* Montréal, Editions de l'Homme, 1978, p. 126.

3   J.A. McDonald, *Débats sur la Confédération,* p. 42.

de décider unilatéralement que des entreprises sont de l'avantage général du Canada, et que par conséquent elles relèvent d'Ottawa plutôt que des provinces. L'article 91 définit ensuite un certain nombre de domaines réservés à la juridiction fédérale, comme les réglementations sur le commerce, les transports, les impôts, la défense, etc. Le fédéral a aussi le pouvoir théorique de contrôler la législation provinciale par le désaveu. Enfin, le gouvernement central possède les pouvoirs résiduaires, c'est-à-dire qu'il a compétence sur tout ce qui n'est pas explicitement défini dans l'article 92, et pour tout ce qui n'a pas été prévu par la constitution (ex: radiotélévision).

Les pouvoirs des provinces définis dans l'article 92 sont exclusifs, limités aux domaines prévus dans la constitution: pouvoir de taxation, pouvoir d'emprunt, juridiction sur les hôpitaux, les prisons, les asiles, les institutions municipales, l'incorporation des compagnies, les travaux publics, les mariages, les lois sur la propriété et les droits civils, l'administration de la justice provinciale.

L'éducation est un domaine réservé exclusivement aux provinces. L'article 93 ne garantit que les droits de la minorité protestante du Québec. Il n'est pas extensible aux minorités catholiques des autres provinces, parce que l'article ne garantit que les droits conférés par la loi au moment de l'union. Or, ces droits n'étaient clairement définis que pour la minorité protestante du Québec. Cette clause ne confère aucun droit aux minorités françaises en dehors du Québec. L'article est aussi muet en ce qui concerne la langue d'enseignement. Il ne fait référence qu'à des systèmes scolaires séparés en fonction de l'appartenance religieuse. Il permet la dissidence sur une base religieuse. En cas de préjudice, la constitution prévoit un droit d'appel au fédéral qui est très aléatoire pour les catholiques français, car le Parlement fédéral est contrôlé par une majorité protestante anglaise. C'est l'article 133 qui définit la politique des langues officielles en statuant que, dans les chambres des Parlements du Canada et de la province de Québec, l'usage de la langue anglaise ou de la langue française dans les débats est permis. Dans les publications gouvernementales, les deux langues sont obligatoires. Enfin, il y a des pouvoirs concurrents ou des compétences partagées pour l'immigration et l'agriculture, mais dans ces deux domaines de juridiction, le fédéral jouit d'une prépondérance. En conclusion, on peut dire que le partage des compétences n'est pas clairement défini et laisse place à de nombreuses interprétations possibles, qui varieront dans leur effet centralisateur selon la conjoncture politique du moment. Ainsi, on peut résumer la situation en disant que les leviers de commande politiques affectant l'économie relèvent du fédéral, alors que ce qui concerne la culture et le développement social est laissé aux provinces. Il n'y a aucun mécanisme prévu pour modifier la constitution, car le Canada est toujours soumis à la suprématie impériale. L'A.A.N.B. est une loi du Parlement britannique, il ne résulte pas de la volonté des peuples du Canada, mais de la volonté d'appropriation d'un appareil d'État par la bourgeoisie canadienne. La Confédération représente une série de compromis qui avantagent surtout la bourgeoisie d'affaires et rassurent les habitants du Haut-Canada sur la mise en minorité définitive des Canadiens français.

La constitution canadienne ne fit jamais l'objet comme tel d'une consultation populaire. Elle fut élaborée par une poignée de politiciens, dont certains entretenaient des liens très étroits avec la bourgeoisie d'affaires. On ne fit appel au peuple que pour élire ceux qui allaient occuper les postes de responsabilité dans le cadre des nouvelles institutions fédérales. Les peuples du Canada n'ont pas décidé par eux-mêmes de faire partie de ce nouvel État. Ainsi, au Nouveau-Brunswick et en Nouvelle-Écosse se manifeste un fort courant oppositionnel, qui entraîna au Nouveau-Brunswick la défaite électorale des partisans de la Confédération. Mais ce verdict négatif ne fut pas respecté, et le gouverneur général imposa arbitrairement l'entrée de cette colonie dans la Confédération.

Au Québec, les élites conservatrices et cléricales incitèrent la population à ne pas s'opposer à la nouvelle constitution en appuyant le Parti conservateur. Par contre, les héritiers des Patriotes, ceux qu'on appelait les Rouges, s'opposaient à la constitution de 1867 et exigeaient qu'on fasse un référendum sur la question. Antoine-Aimé Dorion représentait une partie de l'opinion publique, lorsqu'il déclarait:

> Ce n'est donc pas une Confédération qui nous est proposée, mais tout simplement une union législative déguisée sous le nom de confédération, parce que l'on a donné à chaque province un simulacre de gouvernement sans autre autorité que celle qu'il exercera sous le bon plaisir du gouvernement central[4].

Les autorités politiques conservatrices, craignant le verdict populaire sur cette question, refusèrent de consulter la population prétextant que l'élection des députés pro ou anticonfédération serait révélatrice de l'opinion publique, ce qui était un habile stratagème pour noyer le poisson puisque l'enjeu d'une élection est plus complexe que celui d'un référendum. Malgré l'influence de l'Église qui rejetait le principe des nationalités et de la souveraineté populaire, les Québécois étaient très divisés sur cette question. Ils élirent 22 députés contre la Confédération et 26 favorables. Selon Jean-Charles Bonenfant, il n'est pas certain que, si le peuple avait été consulté directement en dehors des règles d'une élection, il aurait appuyé le projet de Cartier et MacDonald. Ceux qui appuyèrent les candidats conservateurs croyaient que le principe du fédéralisme voulait dire, d'abord et avant tout, la possibilité d'être maîtres chez eux, et d'organiser leur vie nationale comme ils l'entendaient.

---

4   Cité par Charbonneau et Paquette, *op. cit.*, p. 131.

Cette représentation s'avérera illusoire dans la pratique du fédéralisme qui se conformera aux exigences centralisatrices de la bourgeoisie et de la majorité anglaise, comme l'avait espéré J.A. MacDonald. Les Québécois devront attendre plus d'un siècle avant d'avoir l'opportunité de choisir librement le cadre politique qui leur permettra de mieux maîtriser leur avenir.

L'aboutissement de ce long détour historique est maintenant à l'horizon des possibles. Depuis la Seconde Guerre mondiale, avec le développement du capitalisme monopoliste et la domination économique des grandes corporations canado-américaines, les tendances centralisatrices de l'État fédéral se sont accentuées, ce qui a exacerbé les contradictions politiques entre les deux communautés nationales. Depuis deux décennies, le mouvement nationaliste québécois est passé de la résistance défensive à l'action constructive. Après avoir fait le bilan des expériences passées et des tendances de la situation actuelle, il a défini un projet de souveraineté politique et appelle les Québécois à sanctionner ce projet dans le cadre d'un référendum. Pour la première fois, un gouvernement offre aux Québécois la possibilité de décider eux-mêmes de leur avenir politique. Chacun de nous devra faire un choix. Ce choix dépendra à la fois de facteurs subjectifs et objectifs, de nos sentiments, de nos expériences personnelles, de nos intérêts socio-économiques, des réseaux de solidarité auxquels nous nous identifions, et aussi de notre connaissance du passé et de l'évaluation rationnelle du rapport entre les forces en présence. La question nationale implique donc des enjeux personnels et collectifs et, pour y répondre, il ne suffit pas de dire spontanément oui ou non. Dans la mesure du possible, il faut le faire en connaissance de cause, avec lucidité, en ayant recours à l'analyse historique et sociologique. Tous ne sont pas familiers avec les problèmes constitutionnels, et les implications du type de structures politiques sur la vie d'une collectivité. Nous tenterons donc, dans cet essai, de présenter d'une façon concise les informations pertinentes pour prendre une décision éclairée, quelle que soit la question posée lors du référendum, étant entendu que cette question concernera l'avenir politique du Québec.

Nous exposerons en premier lieu la dimension historique du problème, en décrivant d'une façon synthétique le développement du nationalisme au Québec. Cet exposé débouchera sur l'examen des tendances actuelles du fédéralisme canadien, et du contenu du projet de souveraineté politique du Québec et d'association économique avec le Canada, conçu par le Parti québécois. Par la suite, nous tenterons d'évaluer les conséquences que ce changement politique entraînera pour les diverses forces sociales qui forment la collectivité québécoise. Cette évaluation sera fondée sur la connaissance que l'on a des positions et des intérêts objectifs des forces économiques et sociales qui s'affrontent dans le débat sur la question nationale. Il s'agira d'apprécier les enjeux collectifs et particuliers impliqués par ce référendum, en analysant les bases structurelles des conflits socio-politiques au Canada et au Québec. Quelle que soit la thèse qui l'emporte, nos conclusions demeureront valables puisqu'elles nous permettront de déceler qui sera favorisé ou défavorisé.

Enfin, il faudra à l'occasion évaluer les enjeux du référendum sur la scène internationale, car la portée du choix des Québécois déborde le cadre de nos frontières géographiques. En effet, le problème de l'affirmation politique des nations se pose dans la plupart des sociétés capitalistes avancées, et l'expérience québécoise étant la plus développée, elle sera scrutée de près à l'étranger car elle risque d'entraîner des répercussions sur les mouvements nationalistes de ces pays. Ce livre se veut donc un outil d'information et de réflexion qui permettra au lecteur de faire un choix lucide lors du référendum, qui mettra en jeu la nature du cadre politique le plus approprié pour satisfaire les exigences de survie et de développement du peuple québécois.

Première partie:
Les enjeux collectifs

CHAPITRE I

Diverses théories pour comprendre le nationalisme

La vie politique est essentiellement caractérisée par le conflit et l'institutionnalisation des rapports de force. Ces rapports de force s'établissent aussi bien entre les communautés nationales qu'à l'intérieur de chacune d'elles. Ces deux dialectiques, ou niveau d'articulation des conflits, sont interdépendantes et constitutives des idéologies en opposition pour définir la nature du système politique d'une société. Dans cette lutte, le système politique est à la fois enjeu et instrument du conflit. Au delà des angélismes théoriques des déclarations de principe, des manifestations de bonne volonté et des idéaux, la réalité du pouvoir est toujours présente et aiguillonne les stratégies de son maintien ou de sa conquête. Le contrôle du pouvoir politique incarné aujourd'hui par les appareils d'État est l'enjeu du conflit entre les classes qui s'affrontent à l'intérieur des structures politiques, afin de promouvoir leurs intérêts respectifs au nom de l'intérêt général. Cet intérêt général est souvent défini comme l'intérêt de la nation. Ainsi, aujourd'hui, tous les partis fédéralistes se proclament défenseurs des intérêts de tous les Canadiens, alors qu'au Québec le Parti québécois aspire à être le parti de tous les Québécois. Le nationalisme est donc une idéologie utilisée comme arme dans le combat pour le contrôle du pouvoir politique. Dans le cas des partis fédéralistes, on réclame à grands cris l'unité nationale, afin d'exploiter les sentiments d'insécurité des électeurs et d'obtenir ainsi leur soutien qui permet d'accéder au pouvoir de l'État canadien. Dans le cas du Parti québécois, il s'agit d'en appeler à la fierté nationale et au sentiment de solidarité, pour créer un nouveau pouvoir comparable juridiquement et politiquement à celui de l'État canadien. À quoi correspondent historiquement et sociologiquement ces deux projets, ces deux conceptions divergentes du système politique et de la communauté politique, l'un insistant sur l'unité, l'autre sur la différence et la spécificité? Avant de répondre directement à cette question par l'analyse des diverses formes de nationalisme au Québec, il est nécessaire de préciser ce qu'on entend par nationalisme.

Les études sur le nationalisme ne manquent pas, et pourtant on n'a pas réussi à faire l'unanimité sur le contenu de cette notion. On ne s'entend pas sur les critères qu'il faut utiliser pour définir la nation, ce qui est un préalable lorsqu'on veut parler d'idéologie nationaliste et comprendre les rapports de force qui la sous-tendent. Le traitement du nationalisme est un sujet de controverse à l'intérieur de chacune des orientations théoriques qui ont été développées en histoire et en sociologie. Que ce soit à l'intérieur des courants culturaliste, fonctionnaliste ou marxiste, les interprétations abondent et divergent. Notre intention n'est pas de passer en revue chacune de ces orientations et de les comparer entre elles, mais simplement de relever les points essentiels d'opposition afin de mieux faire émerger notre propre perspective.

La première question consiste à savoir quelles sont les bases, les fondements matériels de l'existence de la nation. La nation existe-t-elle ou n'est-elle qu'un effet de l'imagination? Deuxièmement, le phénomène du nationalisme est-il universel, c'est-à-dire le retrouve-t-on dans toutes les sociétés, à toutes les époques, ou au contraire ce phénomène n'est-il pas plutôt lié à une phase historique particulière? Enfin, le nationalisme est-il l'idéologie d'une classe particulière ou au contraire une idéologie de classe, c'est-à-dire qui peut être utilisée par des classes sociales différentes?

Dans les études sur le nationalisme, on peut distinguer deux tendances principales: le courant fonctionnaliste et le courant marxiste. Le premier tend à définir la nation comme un phénomène subjectif, c'est-à-dire que la formation et la différenciation de la nation ne sont pas fondées sur la différenciation physique comme le prétendent les théoriciens racistes. Les différences physiques ne sont pas constitutives du groupe national. Même la langue unique et commune n'est pas en soi un facteur constitutif de la nation, puisqu'il y a des nations comme la Suisse où l'on retrouve plusieurs groupes linguistiques. En définitive, c'est le sentiment de l'identité nationale qui constitue la nation. C'est ce que Groulx, par exemple, appellera le vouloir-vivre collectif. Cette identité, ce sentiment d'appartenance est engendré par plusieurs facteurs. Des traditions politiques communes, des coutumes, une mentalité, les croyances religieuses et la langue peuvent, selon les époques et le contexte, déterminer la constitution d'un groupe national et le nationalisme qui est la reconnaissance de l'appartenance à ce groupe. Ainsi, Hans Kohn écrit-il:

> Quoique certains de ces facteurs objectifs soient d'une grande importance dans la formation des nations, l'élément essentiel réside dans la force et la vigueur de l'esprit communautaire. C'est la décision de former une nation qui crée la nation[1].

Dans cette approche culturelle de la nation, on peut aussi situer un spécialiste comme K. Deutsch pour qui une nation est un groupe qui peut établir la communication entre ses membres.

> En bref, nous proposons ici une définition fonctionnelle de la nation. L'appartenance à un peuple est très intimement liée à la communication à l'intérieur de la société. On peut la définir comme la faculté de communiquer de façon plus efficace et d'aborder un plus grand nombre de sujets avec les membres du groupe plutôt qu'avec les étrangers[2].

Le groupe national est donc ici encore fondé sur la conscience du nous collectif et des autres, conscience de ce qui nous caractérise et de ce qui nous différencie des autres.

---

1   Hans Kohn, *The Idea of Nationalism,* New York Collier Books, 1967, pp. 15-16.

2   K. Deutsch, *Nationalism and Social Communication,* Cambridge, The M.I.T. Press, 1969, p. 97.

Pour la plupart des auteurs fonctionnalistes, la nation est un phénomène historique, c'est-à-dire lié à l'avènement du capitalisme. Ce phénomène apparaît avec ce qu'on appelle la création des États-nations modernes aux XVIIIe et XIXe siècles. Il faut toutefois noter qu'il y a une autre position sur cette question à l'intérieur de ce courant, qui est représentée par Léonard Dobb. Celui-ci soutient l'hypothèse selon laquelle la nation résulterait de la conjugaison de deux phénomènes: l'existence d'un pouvoir centralisé et de la démocratie.

> En somme, une nation complète est une société intégrée suffisamment, à pouvoir central démocratique à quelque degré ayant en tout cas la notion de souveraineté nationale et dont en général les frontières sont celles d'une race, d'une civilisation d'une langue, d'une morale, en un mot d'un caractère national[3].

Cette définition lui permet de donner un caractère transhistorique au nationalisme puisque, selon les deux critères énoncés plus haut, on peut identifier les nations dans des sociétés aussi différentes que celle, par exemple, de la Grèce antique où le mode de production était esclavagiste, et celles caractérisées de nos jours par le mode de production capitaliste. Dans cette perspective, il y a pour lui plusieurs types de nations qu'il catégorise de la façon suivante: les nations traditionnelles, insulaires et modernes. Cette approche lui permet de définir certaines tribus amérindiennes comme étant des nations. À l'existence d'un pouvoir centralisé et de la démocratie, Dobb ajoute aussi l'existence d'une culture commune.

En résumé, dans la théorie fonctionnaliste, on utilise une pluralité de critères pour définir la nation. Ces critères sont le plus souvent d'ordre subjectif. Le nationalisme est alors défini comme un sentiment de solidarité fondé sur une communauté de territoire, de culture, de

---

3   L. Dobb, *Œuvres complètes,* Tome III, p. 577.

tradition, de religion, de langue et qui se manifeste par un vouloir-vivre collectif. C'est l'aptitude à pouvoir différencier entre le nous et les autres. Le nationalisme est, selon les auteurs, présenté soit comme un phénomène lié à une époque particulière — celle de l'avènement des sociétés capitalistes —, soit comme un phénomène qui n'a pas de spécificité historique et qu'on retrouve à travers le temps. Enfin, dans ce courant de pensée, le nationalisme n'est pas relié au phénomène des classes sociales; car c'est un sentiment qui transcende les positions sociales, qu'on retrouve dans toutes les couches de la société. Il a essentiellement une fonction de rassemblement, de mobilisation, afin de favoriser le développement de la collectivité. C'est la conscience de l'unité qui prime sur les oppositions internes et sur les différences avec les autres qui n'appartiennent pas à la nation.

S'il faut en croire N. Poulantzas, il n'y aurait pas de théorie marxiste de la nation; il y aurait même dans la pensée des fondateurs du socialisme scientifique une sous-estimation de la réalité nationale. H. Lefebvre constate dans le même sens l'absence de théorie de la nation, bien que dans certains textes Marx et Engels abordent l'analyse des conjonctures et des rapports entre les classes dans les nations. Certains marxistes, à l'instar des fonctionnalistes, ont eu tendance à considérer la nation comme un phénomène subjectif n'ayant pas d'existence réelle, et à prôner une vision simpliste de la question nationale. Puisque le nationalisme est le fruit de l'imagination, ils concluent que ça n'a pas d'importance; et de toute façon, puisque par définition le socialisme est internationaliste, le problème de l'oppression nationale sera résolu automatiquement par le renversement des rapports de production capitaliste.

Puisque les fondateurs de l'Internationale n'ont pas théorisé ce problème, on ne peut interpréter leur pensée d'une façon unilatérale. Les positions de Marx et Engels varient selon la conjoncture politique du moment, et il leur arrivera de soutenir certains nationalismes et d'en critiquer d'autres. La pensée de Marx n'échappe pas plus que celle des autres théoriciens aux conditionnements historico-culturels. Ils sont marqués par le point de vue libéral sur le sens de l'histoire et la tendance à l'universalisme qui accompagne la logique de la marchandise. En ce sens, il y a pour eux des nations nécessaires (la Pologne) et des petites nations «foutues» (les Slaves du Sud), c'est-à-dire qu'il y a des nationalismes progressistes dans la mesure où ils contribuent à affaiblir les puissances réactionnaires, et il y a des nationalismes inutiles qui risquent d'entraver la marche du progrès. Ainsi, pour les marxistes, le traitement de la question nationale doit être essentiellement tactique. La nation comme tout produit historique n'a pas de valeur en soi et est appelée à dépérir dans la mesure où l'universel, qui est la finalité de l'histoire, se réalisera par la révolution prolétarienne.

Il est aussi intéressant de noter que Marx a tendance à identifier société et nation et à penser en terme d'unité nationale (à réaliser dans le cas de l'Allemagne: Marx soutiendra à cet égard les revendications des libéraux allemands). Il ne se pose pas vraiment le problème de la différenciation ethnique ou linguistique dans le processus de formation de la classe ouvrière et de constitution du mouvement ouvrier. Engels sera plus sensible à cette dimension de la lutte des classes dans ses analyses des situations irlandaise et polonaise. Il écrit à ce propos:

> Historiquement, il est impossible à un grand peuple de discuter avec un tant soit peu de sérieux ses questions intérieures aussi longtemps que l'indépendance nationale fait défaut... Le mouvement international du prolétariat n'est a priori possible qu'entre nations indépendantes... Pour pouvoir lutter, il faut d'abord avoir un terrain, de l'air, de la lumière et une marge de manœuvre sinon tout n'est que bavardage[4].

---

4   F. Engels, lettre à K. Kautsky, Londres, 7-15 février 1882; dans K. Marx et F. Engels, *Le parti de classe,* Paris, Maspéro, Tome IV, pp. 13-14.

Ainsi dans l'analyse du cas irlandais, ils en arrivent à conclure que ce n'est pas la révolution sociale qui réglera le problème national, mais la libération de la nation opprimée qui constitue un préalable à l'émancipation sociale de la classe ouvrière.

Autre fait intéressant, Marx ne semble pas lier l'existence de la nation à un mode de production spécifique comme le capitalisme, car il fait référence aux nations barbares, aux nations de vachers, aux nations paysannes. Telle qu'il l'emploie, la notion de nation peut s'appliquer à des formations sociales qui ont existé de l'Antiquité jusqu'au capitalisme. De la même façon, Engels a étudié la genèse de la nation allemande en la faisant remonter à l'Empire romain. En ce sens, c'est le caractère historique de la nation qui constitue son droit à l'existence. L'histoire contiendrait une tendance générale qui, malgré certaines ruptures, consisterait en la création d'unités nationales de plus en plus grandes. Dans cette perspective, l'avènement du capitalisme représente le passage d'un type étroit à un type large de la nation, ce processus devant s'achever avec la nation planétaire.

En résumé, on peut dire que, pour Marx, la nation constitue un ensemble unitaire, mais antagoniste, des classes à travers l'histoire. La réalité des classes sociales dans la dialectique historique prime sur la réalité nationale, mais celle-ci dans certaines conjonctures peut devenir prioritaire. L'importance de l'unité nationale, son extension et sa capacité de rayonnement varient selon les modes de production mais atteignent le point optimum sous le capitalisme, dont le dépassement signifie la fin des inégalités économiques entre les sociétés par l'abolition de la division en classes sociales.

La contribution théorique de Lénine à l'analyse de la question nationale portera surtout sur la définition des rapports entre l'État national et le développement du mode

de production capitaliste. Pour ce qui est de la définition
de la nation, l'analyse de Lénine est aussi transhistorique
que celle de Marx, en ce sens que Lénine lie l'existence de
la nation à plusieurs modes de production. Si la nation
n'est pas un effet spécifique du capitalisme, par contre
l'État national est lui considéré comme un effet spécifique
du mode de production capitaliste. C'est donc la théorie de
l'État qui conditionne le traitement de la question nationale. Cette approche affirme implicitement la primauté des
classes sociales sur le groupe national. La nation, dès lors,
n'aurait pas de fondements matériels et relèverait de l'idéologie bourgeoise, servant ainsi à occulter la réalité de la
lutte des classes. L'État national, quant à lui, est expliqué
à partir de la nature des rapports de production capitalistes
et des impératifs de la création d'un marché. S'inspirant
de la constitution de l'État national au XVIIIe siècle et en
particulier de l'exemple de la France, l'analyse de Lénine
tend à démontrer que le processus d'accumulation du capital nécessite la création d'un marché unifié, et implique la
création d'un État national centralisé. En résumé, il n'y a
pas de groupe d'appartenance réel au delà des classes
sociales, et la nation n'est que la représentation de la
forme de l'État capitaliste. À ce titre, la nation est un
phénomène idéologique.

Staline, pour sa part, tentera de combler le vide
théorique laissé par Lénine sur la formation de la nation.
Il a écrit en 1913 un texte intitulé: *Le Marxisme et la
question nationale* (texte que Lénine ne reprend pas et ne
cite pas dans ses propres travaux sur la question nationale).
La contribution de Staline consiste à présenter la nation et
non plus simplement l'État national comme l'effet du
mode de production capitaliste.

> La nation n'est pas seulement une catégorie historique, mais
> une catégorie historique d'une époque déterminée, de l'époque
> du capitalisme ascendant. Le processus de liquidation du féo-
> dalisme et le développement du capitalisme est en même temps

le processus de constitution des hommes en nations[5].

La nation dans cette perspective n'est plus un phénomène transhistorique, elle est le résultat de la nécessité capitaliste de la création d'un marché: «Le marché est la première école où la bourgeoisie apprend le nationalisme[6].» Cette thèse implique que le nationalisme n'est l'idéologie que d'une seule classe, la bourgeoisie, et que le prolétariat par la construction du socialisme pourra résoudre l'oppression nationale. La portée pratique ou politique de cette thèse sera par la suite de justifier la répression des résistances nationales en U.R.S.S. à l'hégémonie russe, et ainsi de masquer le chauvinisme grand russe.

Gilles Bourque, dans *l'État capitaliste et la question nationale,* a tenté de systématiser l'analyse marxiste de la question nationale et le statut théorique du concept de nation. Il soutient que la nation est un phénomène essentiellement idéologique, qui n'a pas de base matérielle, qui par conséquent relève de l'imaginaire. Partant d'autres prémisses, il rejoint les thèses fonctionnalistes qui situent le nationalisme dans l'ordre du subjectif. Le type de matérialisme historique mis de l'avant par Bourque, en se fondant sur une distinction rigide entre l'objectif et le subjectif, penche vers la métaphysique et tend à simplifier la dialectique historique en focalisant le point de vue uniquement sur une dimension de la réalité sociale, que sont les rapports de production qui seraient le lieu monopoliste de l'explication. Or, comme nous le verrons plus loin, la réalité échappe au modèle structuraliste qui privilégie le caractère univoque de la détermination par les rapports de production, oubliant que ceux-ci englobent d'autres éléments que la propriété des moyens de production. Tout en admettant que ce sont les conditions de la production de la

---

5   J. Staline, *Le Marxisme et la question nationale,* Tirana, Naïm Frasheri, 1968, p. 23.

6   *Ibid.,* p. 25.

vie matérielle qui sont déterminantes de l'organisation de la société, il faut garder au terme condition son sens général et ne pas le réduire uniquement aux relations économiques dans la production matérielle. De même l'identité postulée entre le matériel et l'économique est abusive. Certes, ce réductionnisme a l'avantage de permettre des raccourcis historiques et des stratégies simples, mais il peut être myopique à long terme et aboutir à des conséquences inattendues, parce que la réalité ne se comporte pas toujours comme le modèle voudrait qu'elle se comporte. On a souvent l'impression, à lire certains marxistes, que ce sont les constructions théoriques qui procèdent de l'imaginaire.

La thèse centrale de l'analyse de Bourque peut se résumer ainsi:

> La structuration de la dominance des rapports de production capitalistes sur les forces productives nécessite la constitution d'un marché intérieur, lequel détermine l'apparition de la question nationale[7].

Bourque place les fonctions de l'État au centre de l'analyse de la question nationale. L'État unifie le marché interne, brise les anciens tarifs douaniers et érige une protection pour tout le territoire national. Il unifie la législation et impose une langue commune. La bourgeoisie se crée ainsi un territoire uni et délimité pour exploiter ses ressources et sa main-d'œuvre, et y écouler ses produits. Cette structuration de l'espace lui donne une base pour réaliser l'accumulation du capital.

La nation est ainsi présentée comme un phénomène essentiellement idéologique, qui relève de l'imaginaire, qui n'a pas d'existence réelle. «Il n'existe et ne peut exister au sein d'une formation sociale dominée par le mode de

---

7   Gilles Bourque, *L'État capitaliste et la question nationale,* Montréal, Les Presses de l'Université de Montréal, 1977, p. 361.

production capitaliste de groupe d'appartenance à côté, au-dessus des classes sociales [8] . » Bourque préfère «évacuer les notions de nation et de nationalité... et leur subsituer les termes de formation sociale et de groupe linguistique [9] ». Il rejette les critères de communauté, de territoire, de culture et d'organisation économique pour définir la nation. Il estime que seul le critère linguistique est valable pour désigner ces groupes d'appartenance imaginaires.

Ainsi, le nationalisme est présenté comme un effet spécifique des rapports de production capitaliste. Il est un des éléments (avec le libéralisme) de l'idéologie bourgeoise.

> Toute idéologie ne peut être dans les sociétés de classes qu'une idéologie de classe. L'idéologie nationaliste qui prône l'existence de la nation ne saurait être qu'une idéologie bourgeoise ou petite-bourgeoise [10].

Cette idéologie a une fonction de rassemblement. Sa particularité consiste à ne pas assigner de place spécifique au sujet sinon celle d'appartenir à une nation. Par son effet d'occultation, elle renforce la domination de la bourgeoisie sur le prolétariat, en l'empêchant de saisir ses intérêts de classe et en le situant dans un cadre juridique et politique qui bloque le développement d'une pratique véritablement internationaliste. Ainsi la classe ouvrière devrait avoir une idéologie internationaliste, et si tel n'est pas le cas, c'est que l'idéologie bourgeoise paradoxalement a un pouvoir de détermination plus grand que la place occupée dans les rapports de production. Cet aspect qui est fondamental dans l'analyse de la bourgeoisie semble s'évanouir dans l'explication de la conscience prolétarienne. Sont donc renvoyées dos à dos deux idéologies opposées en vertu des intérêts contradictoires qui les sous-tendent.

---

8   *Ibid.,* p. 134.
9   *Ibid.,* p. 147.
10   *Ibid.,* p. 135.

L'une, l'idéologie de la bourgeoisie: le nationalisme; l'autre, l'idéologie adéquate au prolétariat: l'internationalisme. Selon une logique implacable, l'auteur conclut qu'étant donné que le nationalisme est consubstantiel au mode de production capitaliste, cette idéologie disparaîtra avec son extinction et l'avènement du socialisme. Or, cette thèse ne résiste pas à une confrontation avec la réalité, dans la mesure où le capitalisme avancé tend à la mondialisation du marché et à l'intégration économique et politique des États-nations, ce qui rend le nationalisme désuet et nuisible à la reproduction élargie du capital. Cette analyse est aussi insatisfaisante dans la mesure où les États socialistes n'ont pas résolu leurs questions nationales et font souvent preuve d'un nationalisme étroit, comme ce fut le cas récemment dans le conflit frontalier entre la Chine et le Vietnam. On peut même à la limite penser que, dans le contexte du capitalisme moderne, caractériser le nationalisme d'idéologie bourgeoise signifie reproduire le discours idéologique de la bourgeoisie transnationale, pour laquelle le contrôle du marché mondial implique le développement de la centralisation politique et de la logique de l'unité.

Comme le souligne Jorge Niosi, l'effort de construction théorique de Bourque est méritoire parce qu'il systématise la littérature sur un sujet complexe, mais il n'en demeure pas moins problématique de partir uniquement d'autres théories et des postulats abstraits et non des réalités concrètes pour analyser la question nationale[11]. Nous demeurons perplexe quant à la possibilité de construire un modèle adéquat à la réalité, sans passer par des cas concrets et sans tenir compte de la complexité des dynamiques sociales. On peut d'ailleurs noter à cet égard certains problèmes non résolus par la thèse de Bourque, qui fait reposer la nation essentiellement sur le critère

---

11   Jorge Niosi a fait une critique du livre de Bourque dans *Revue canadienne de Science politique,* mars 1978, pp. 214-217.

linguistique. Si cette analyse est confirmée par les États unilingues où la bourgeoisie a imposé son code sémantique, comme ce fut le cas pour la France, l'Angleterre, l'Allemagne et les U.S.A., il n'en va pas de même pour les États multilingues. Il faudrait aussi expliquer avec la même logique pourquoi les bourgeoisies wallonne, suisse-allemande ou canadienne-anglaise n'ont pas réussi à imposer leur langue à l'ensemble du pays. Cet état de fait suppose que le nationalisme ne fonctionne pas toujours de la même façon ni dans le même sens, et qu'il n'est pas nécessairement une création de la bourgeoisie. La nation doit plutôt être comprise comme étant la résultante d'un rapport de force entre les classes sociales, et comme le lieu d'un enjeu pour les diverses classes en lutte.

Le nationalisme est la forme historique particulière d'un phénomène qui dépasse les sociétés de classes. Toutes les organisations sociales, que ce soient le groupe, le clan, la tribu, la communauté, l'ethnie, la nation, se structurent dans un mouvement de différenciation. Toute collectivité, quelle que soit sa dimension, se définit par rapport à une base matérielle, qui comprend tout autant les rapports sociaux aux moyens de production que les rapports aux moyens naturels de reproduction, c'est-à-dire la terre, le territoire et les ressources physiques, animales et humaines qui s'y trouvent. La conscience de la propriété collective des moyens de production et de reproduction précède historiquement la conscience de classe, et porte sur un objet différent de cette dernière. Le nationalisme est l'avatar moderne de ce sens du collectif dans les sociétés de classes où le particulier est dominant.

Quant au sens de l'identité collective, sa définition est déterminée par des besoins de survie et peut se forger à travers des luttes contre d'autres groupes ou collectivités, l'enjeu de cette lutte étant la survie du groupe par le contrôle du territoire nécessaire à sa reproduction simple et élargie. Ce que nous appelons aujourd'hui nationalisme est ce système de représentation qui définit le groupe d'appartenance, qui rend solidaires et unit ceux qui se retrouvent dans ce groupe. Son effet est donc de masquer ou d'atténuer les différences entre les composantes du groupe, en les mettant en balance ou en comparaison avec d'autres différences. La fonction générale de cette idéologie est donc de faire primer les intérêts de l'ensemble sur les intérêts des parties qui le composent. C'est parce que cette idéologie exerce cette fonction générale qu'elle peut aussi, dans le cadre des sociétés de classes, servir les intérêts d'un groupe particulier de l'ensemble. Le nationalisme exprime donc une dimension irréductible de la vie en société, qui est le sens du collectif, et devient un enjeu conflictuel dans une société divisée en classes. Le nationalisme est donc une forme historiquement située de la dialectique du moi — nous — les autres. Ce qui varie et change à travers l'histoire, c'est l'étendue, l'ampleur et les structures où se manifeste cette unité / solidarité, ce nous. Ce que nous appelons aujourd'hui le nationalisme, c'est un phénomène social qui peut se retrouver aussi bien dans une société de classes que dans une société sans classes, dans la mesure où l'autre est une catégorie indispensable pour la reconnaissance du soi, c'est-à-dire que la différenciation est nécessaire à l'identité et à la solidarité. La frontière entre le nous et les autres est indéfiniment reproductible. Ainsi, dans cette perspective, même une société universelle sans classes serait encore nationaliste, en ce sens où la totalité serait toujours définie par rapport à un extérieur. Ce nationalisme planétaire aurait alors la terre pour nation et le cosmos pour autre. On peut aussi, à l'autre extrême du continuum des organisations sociales, retrouver ce phénomène qu'on appelle le nationalisme. En effet, dans les groupes de primates comme les chimpanzés, ceux-ci définissent les frontières de leur territoire et s'associent, en dépit de leurs différences, pour assurer la défense de ce territoire, ou autrement dit la base géographique de leur reproduction, celle-ci pouvant être mobile dans le temps et l'espace, ce qui entraîne des conflits avec d'autres groupes.

Dans les sociétés de classes, la division et la lutte se font non seulement par rapport à l'extérieur, mais aussi par rapport à l'intérieur. Dès lors, l'enjeu de la lutte est la redistribution de la richesse collective, ce qui suppose que la propriété du territoire n'est plus collective, ce qui engendre des rapports différents aux moyens de production. Pour la classe dominante, l'autre est à la fois à l'intérieur et à l'extérieur. Dans ce cadre, le nationalisme revêt un contenu particulier où le collectif est structuré dans et par l'État.

Le nationalisme, défini par sa fonction générale, n'est ni l'idéologie d'une classe particulière, ni une idéologie liée structurellement à un mode de production. Ce système de représentation du collectif n'est lié que conjoncturellement aux intérêts d'un classe; il peut être utilisé par des classes différentes dans la mesure où celles-ci ont besoin de contrôler l'État pour diriger la société.

L'examen des situations concrètes (et non les analyses des textes classiques) nous amène à penser qu'on ne peut caractériser le nationalisme comme étant une idéologie essentiellement bourgeoise. Dans notre perspective, la définition de la nation peut devenir l'enjeu de la lutte des classes, et différentes conceptions de la nation peuvent s'opposer à l'intérieur d'une structure politique.

La compréhension du problème national au Canada et dans les sociétés capitalistes avancées en général n'est possible que dans la mesure où on évite deux écueils théoriques. Le premier consiste à réduire les revendications nationalitaires à des enjeux culturels linguistiques provoqués par la différence ethnique. Cette thèse est généralement soutenue par les groupes qui penchent vers le maintien du statu quo. L'autre écueil consiste à assimiler le nationalisme à l'idéologie bourgeoise et au capitalisme, et à postuler que seuls la lutte des classes et le passage du capitalisme au socialisme permettront spontanément de résoudre la

question nationale. Cette position est généralement défendue par la gauche marxiste-léniniste. Ces deux conceptions
escamotent une partie de la réalité et paradoxalement, à la
limite, procèdent de la même logique lorsqu'elles sont
appliquées concrètement.

À notre avis, les mouvements nationalitaires contemporains expriment une résistance populaire au développement du capitalisme dans sa phase monopoliste. Ils
représentent avant tout une opposition à la logique du
centralisme politique inhérente au processus de concentration du capital. Ils expriment aussi un projet de société qui
remet en question les conséquences logiques de la domination du monde par la marchandise, c'est-à-dire la manipulation généralisée, l'éloignement des centres de décisions
et l'uniformisation / standardisation par la consommation
programmée.

L'idéologie nationaliste a certes correspondu conjoncturellement aux nécessités de croissance de l'économie
de marché, en justifiant l'élargissement de la réserve de
main-d'œuvre, en abolissant les limites du monde féodal
et en créant un marché unifié. Mais le nationalisme au sens
bourgeois du terme inclut la négation des différences
nationales et constitue en réalité un processus d'oppression
nationale. Dans cette perspective, le nationalisme ne peut
signifier l'affirmation d'une identité spécifique, d'une
différence ethnique, linguistique et culturelle, fondée sur le
contrôle des bases matérielles. Il a plutôt signifié historiquement acculturation, régression et folklorisation des différences ethniques, linguistiques et culturelles. Le nationalisme bourgeois est essentiellement unificateur et centralisateur. La pratique de certains États dits socialistes n'est
pas différente à cet égard. Nous avons dit que le nationalisme est une idéologie conjoncturellement bourgeoise,
c'est-à-dire qu'elle n'est pas essentielle au capitalisme, dont
la tendance est à l'expansion et à la généralisation / mondialisation des rapports marchands. Ceci se vérifie de deux

points de vue. D'abord le rapport entre l'idéologie libérale et le nationalisme est antinomique. En effet, le libéralisme conséquent avec les nécessités de la reproduction de l'accumulation du capital affirme des catégories unifiantes et, par conséquent, réductrices des différences: la Nature, l'Homme, la Déclaration universelle des droits de l'homme, le Progrès. Ces catégories reflètent et justifient les nécessités expansionnistes/impérialistes du capitalisme. Donc dans la première phase de sa domination, la bourgeoisie s'appuie sur la création d'un État-nation, mais sa pratique accumulatrice tend à transcender le cadre de l'État-nation. Il y a donc, d'une part, contradiction ou antinomie dans l'idéologie de la bourgeoisie entre les appels à l'universel et la structuration d'un particulier réducteur d'autres particularités, et, ensuite, contradiction entre la pratique inhérente au développement du capitalisme, qui engendre les tendances monopolistes, et l'exportation des capitaux. Le capital ne s'identifie pas à la nation, il est anational, il tend à être transnational.

Dans la phase monopoliste et impérialiste du capitalisme, les mouvements nationalitaires deviennent des obstacles à la réalisation des conditions nécessaires à la survie du capitalisme, qui implique le renforcement des processus d'uniformisation et de centralisation politique. Le contrôle du pouvoir d'État devient donc l'enjeu immédiat de la lutte des classes, et, au Canada, la crise de l'unité nationale est la manifestation d'une lutte de classes entre la bourgeoisie canadienne et la petite bourgeoisie technocratique québécoise, à laquelle s'associent de larges fractions de la classe ouvrière. Dans le contexte de la division internationale du travail, le nationalisme peut favoriser partiellement les intérêts des travailleurs, dans la mesure où il permet de limiter les effets de la concurrence au sein même de la classe ouvrière.

Comme on le constatera dans le chapitre suivant, le mouvement nationaliste n'est jamais demeuré le même à travers l'histoire. Le problème national évolue à travers le temps et à travers l'espace. On ne peut l'enfermer dans une logique absolue et à sens unique. Le contenu de l'idéologie nationaliste variera en fonction des particularités des situations concrètes et des forces sociales qui l'articuleront.

CHAPITRE II

Le développement du nationalisme québécois

À travers l'histoire du Québec, le contenu du nationalisme a beaucoup varié. Afin de comprendre les raisons de ces variations ainsi que la nature du nationalisme québécois, tel qu'il s'est développé depuis la Révolution tranquille, il est indispensable de retracer les principales trajectoires de ce nationalisme et de les situer par rapport au contexte économique et social. Il s'agira donc de faire ressortir les divers paramètres du changement idéologique et de mettre en relief les points de repère significatifs de notre évolution collective, afin de mieux évaluer les causes et les conséquences des choix que nous avons à faire. La lecture du passé est insuffisante à elle seule pour déterminer nos orientations et nos projets, mais elle peut nous indiquer comment éviter les recommencements. Le passé contient une somme d'expériences, dont la connaissance peut nous éviter des erreurs de jugement et bien des illusions. La connaissance historique élargit nos perspectives et peut nous faire découvrir les voies d'un avenir différent.

Si la question nationale se pose encore avec acuité au Québec et si un référendum est nécessaire pour amorcer un processus de solution, c'est parce que l'histoire du Québec a été marquée par le fait colonial. La Conquête et la colonisation britannique qui l'a suivie ont enrayé et dévié le processus d'émancipation nationale. La plupart des autres colonies, sur le continent américain au XIXe siècle et sur le continent africain au XXe siècle, ont par des modalités diverses accédé à la souveraineté politique, qui constitue une étape normale dans la vie d'un peuple.

Pour comprendre l'évolution du nationalisme québécois, il faut connaître les effets du colonialisme. Le processus de colonisation implique qu'une société est conquise et soumise à une force extérieure, qui par sa puissance militaire et technique impose un ordre social et économique qui répond à des finalités exogènes, c'est-à-dire qui doit servir les intérêts et le développement économique d'une métropole étrangère.

Ce contrôle extérieur sur les richesses et la vie économique de la société colonisée est accompagné par la formation d'une double structure sociale superposée, l'une étant supérieure à l'autre et différenciée par la nationalité et aussi, dans plusieurs cas, par le mode de production. Se constitue donc dans un rapport d'inégalité un double système d'autorités, d'institutions, de normes et de comportements: celui du colonisateur qui est dominant, et celui de la société colonisée qui est subordonnée. À long terme, la domination coloniale provoque la déstructuration du système social colonisé, la folklorisation de sa culture et des distorsions dans le développement des idéologies. À cause du double processus de colonisation provoqué par la Conquête et de la perturbation sociale qui en a résulté, la trame évolutive de la pensée politique et sociale au Canada français se différenciera de celle des autres sociétés.

L'Angleterre n'avait pas mené une guerre de sept ans en Amérique du Nord uniquement pour remplacer le drapeau français par le drapeau anglais sur la citadelle de Québec. Les opérations militaires ont toujours des objectifs économiques, et il s'agissait en l'occurrence d'éliminer la concurrence des marchands canadiens dans le commerce des fourrures, en s'emparant de l'immense territoire de la Nouvelle-France qui s'étendait du Québec jusqu'à la Louisiane. Cette opération permettait aussi aux populations des colonies de la Nouvelle-Angleterre d'amorcer leur expansion vers l'Ouest.

Le changement de métropole enlève donc aux marchands canadiens leurs assises économiques et décapite la société de la Nouvelle-France de sa classe dynamique. La Conquête a bloqué le développement d'une bourgeoisie canadienne et a provoqué la ruine progressive des commerçants qui étaient restés dans la colonie conquise. Ceux-ci, avec le changement de métropole, furent coupés des sources de capitaux, des sources d'approvisionnement et des débouchés. Les marchands canadiens, n'ayant pas d'associés fiables dans la nouvelle métropole pour écouler leurs marchandises et se réapprovisionner, perdirent le contrôle de la traite des fourrures et devinrent de simples sous-traitants, vendant leurs marchandises aux marchands anglais de la colonie. Mis à la marge du circuit commercial, ils laissèrent à d'autres les gros profits et se contentèrent des miettes en devenant fournisseurs de matière première. Ils perdirent aussi peu à peu le commerce intérieur de la colonie (ex.: vin et eau-de-vie), car leurs magasins étaient vides, les commandes passées en France ne pouvant être livrées, et ils ne pouvaient, faute de répondants et de crédit, se réapprovisionner dans la nouvelle métropole. Ainsi, les marchands anglais devinrent les fournisseurs des Canadiens qui, même dans le commerce domestique, sont confinés à la sous-traitance. Ils perdirent aussi le contrôle de l'appareil d'État qui, par le biais des fournitures militaires, joue un rôle actif important dans la vie économique d'une colonie. La Conquête a donc pour effet de transférer le pouvoir économique et politique à un groupe social étranger à la structure de classes de la colonie. C'est une nouvelle clique, celle des marchands anglais, qui va désormais profiter des contrats de l'État et monopoliser les concessions des postes de traite. Les Canadiens devront se retirer à la campagne et laisser aux nouveaux maîtres les secteurs les plus profitables de l'activité économique. La société canadienne sera forcée de compter sur ses propres forces et de se replier sur l'agriculture, l'artisanat et le petit commerce pour assurer sa subsistance.

La domination politique britannique et les changements dans les relations économiques externes vont entraîner la formation de deux structures sociales superposées:

une structure sociale colonialiste, dont la base matérielle est fondée sur l'échange marchand et le contrôle du pouvoir politique, et une structure sociale colonisée fondée sur la production pour la subsistance.

Ainsi, sur le plan social, la Conquête a eu comme effet de décapiter la société canadienne de sa classe dirigeante, de remplacer une bourgeoisie francophone en voie de formation par une bourgeoisie anglophone, de permettre la formation d'une double structure de classes différenciée par la nationalité et le mode de production. La structure sociale canadienne-française gardera des marques indélébiles de la situation occasionnée par la Conquête qui favorisera la cooptation d'un groupe social décadent, l'aristocratie cléricale caractérisée par une situation économique non créative et par une idéologie de collaboration et de conservation, groupe que le conquérant essaiera d'imposer à la direction de la société canadienne-française. Jusqu'en 1850, ce groupe ne réussira pas à s'imposer au peuple en tant qu'autorité politique et sera contesté par une autre classe, la petite bourgeoisie professionnelle qui s'opposera à la fois à l'oligarchie britannique et à son alliée francophone, l'aristocratie cléricale. Il y aura donc à cause de la colonisation une distorsion relative dans la mesure où les rapports économiques seront médiatisés par les rapports politiques, ce qui conférera un poids substantiel et une autonomie relative à la petite bourgeoisie qui, selon les conjonctures, oscillera entre les intérêts du peuple et les intérêts de la bourgeoisie.

Cette situation aura des effets de distorsion à la fois sur l'idéologie de la bourgeoisie anglophone et sur celle de la petite bourgeoisie francophone qui, avec l'établissement de l'Assemblée représentative en 1791, voudra utiliser les nouvelles institutions politiques pour défendre les intérêts économiques des Canadiens français et favoriser sa propre promotion sociale. Les luttes politiques qui s'engagent au début du XIXe siècle mettent en opposition deux conceptions de la nation et deux conceptions du développement économique du Québec. De cette opposition naîtra le nationalisme canadien-français.

Le nationalisme dans la phase commerciale du capitalisme

Au début du siècle, on assiste à une contraction des marchés et à une baisse des prix pour les fourrures. C'est pourquoi, à partir de 1810, le commerce du bois remplace celui des fourrures. Dès 1815, les exportations de bois équarri connaissent une hausse vertigineuse, qui s'explique par la politique protectionniste britannique. Cette politique entraîne un transfert des capitaux britanniques vers le Bas-Canada (Québec) qui seront investis dans l'exploitation des ressources forestières. Les Canadiens français ne peuvent profiter du développement de ce nouveau secteur économique, car seuls les marchands anglais ont accès aux réseaux commerciaux de la métropole. Notre rôle économique sera de fournir la main-d'œuvre à bon marché et de produire la richesse pour les autres. Pour leur part, les marchands anglais tenteront de se servir de l'État colonial pour soutenir leurs entreprises. Déjà, à cette époque, le contrôle des ressources publiques et l'utilisation des impôts sont des enjeux qui animent les luttes politiques entre l'Assemblée, qui représente le peuple, et l'exécutif, qui représente les intérêts de la Couronne britannique et ceux de la bourgeoisie marchande, qui contrôle 90% de l'économie de la colonie.

Cette bourgeoisie voudrait compléter son pouvoir économique par le contrôle du pouvoir politique. Mais à cause de la situation coloniale qui implique la domination d'une minorité sur une majorité, la bourgeoisie marchande ne pourra pas soutenir les luttes pour l'établissement d'un système politique démocratique par l'obtention du gouvernement responsable. La démocratie bourgeoise fondée sur le principe de la représentation et de la délégation des pouvoirs ne pouvait pas fonctionner au profit de la bourgeoisie, puisqu'elle implique que le pouvoir dépend du nombre, c'est-à-dire du soutien électoral de la majorité. Or, en situation coloniale, la majorité est formée par une autre nationalité et ses intérêts divergent de ceux de la bourgeoisie coloniale.

Le contenu de l'idéologie de la bourgeoisie canadienne ne sera pas similaire à celui des autres bourgeoisies. Alors qu'en Europe, la bourgeoisie était nationaliste, démocrate et progressiste, au Québec, après la Conquête et jusqu'au milieu du XIXe siècle, la bourgeoisie canadienne composée d'hommes d'affaires anglais qui contrôlaient le commerce du bois, le transport et les banques ne pourra pas jouer le même rôle. En raison de la situation coloniale et de la domination de la minorité anglaise sur la majorité française, la bourgeoisie marchande ne pouvait imposer son hégémonie politique en s'appuyant sur le peuple. Pour promouvoir ses intérêts, elle devra s'allier à l'aristocratie bureaucratique et utiliser les pouvoirs des conseils exécutif et législatif, qui n'étaient pas responsables face au peuple. Il y avait pour elle contradiction entre ses aspirations au contrôle de l'appareil d'État par l'établissement de la démocratie parlementaire et les fondements matériels de sa situation: l'oppression coloniale.

La pensée politique de la bourgeoisie anglaise était déchirée par le dilemme suivant. Ses intérêts la poussaient à revendiquer le parlementarisme et la mise sur pied d'une assemblée comme il en existait dans les autres colonies, d'où venaient la plupart des marchands. Mais comment justifier une assemblée qui exclurait de ses rangs 99% de la population? Si on reconnaît des droits égaux aux Français, ils contrôleront l'assemblée; si on crée une assemblée sans les inclure, on risque de mécontenter la population.

Pour faire du Canada une colonie de peuplement anglais, il fallait promouvoir une immigration massive des

Anglais et, pour les attirer, il fallait leur donner les droits dont ils jouissaient en métropole. Mais comment donner les mêmes droits qu'en métropole à ceux qui émigrent et ne pas les donner aussi aux conquis? Assimiler les Canadiens par le peuplement anglais voulait dire mêmes droits dans la colonie conquise que dans les autres colonies. Accorder ces droits voulait dire redonner le pouvoir aux Canadiens, car ils étaient majoritaires. Le colonialisme s'opposait à la démocratie. Tant que les Canadiens français seront majoritaires, la bourgeoisie fera obstacle à l'établissement de la démocratie libérale et préférera soutenir le régime aristocratique et s'allier à la clique du Château. Ainsi les droits démocratiques ne seront reconnus au Canada qu'au fur et à mesure de l'affaiblissement numérique des Canadiens français. En 1791, avec l'arrivée des loyalistes, l'Assemblée représentative sera établie, puis en 1848, avec la minorisation définitive des Canadiens français dans le cadre du Canada-Uni, le principe du gouvernement responsable sera mis en pratique.

De la même façon, la bourgeoisie canadienne ne sera jamais nationaliste, car sa prospérité sera toujours dépendante des marchés extérieurs que ce soient, selon les périodes, les marchés britannique ou américain. Il lui répugnera de rompre le lien colonial avec la métropole, contrairement à la plupart des bourgeoisies coloniales. Le sentiment d'appartenance des Canadiens anglais se définira beaucoup plus par rapport à l'Empire que par rapport au Canada.

L'effet de distorsion idéologique affectera aussi la petite bourgeoisie. Dans un premier temps, ce sera elle qui se fera le porte-étendard de l'idéologie libérale et du nationalisme. Elle jouera le rôle idéologique qui est habituellement joué par la bourgeoisie nationale. Elle réclame des institutions démocratiques et républicaines, le gouvernement responsable, la rupture du lien colonial et la laïcisation de la société. Par ce projet d'émancipation nationale, la petite bourgeoisie professionnelle s'attaque au pouvoir de la bourgeoisie marchande, du clergé collaborateur et de l'oligarchie bureaucratique.

Les membres de cette nouvelle classe sont issus du peuple. Ces professionnels sont pour la plupart des fils de paysans qui ont fait instruire certains de leurs enfants dans les écoles et collèges. L'éducation et la politique sont pour eux les seules voies de la promotion sociale, car les autres secteurs d'activités leur sont fermés. Ils s'orientent par conséquent vers les professions libérales: droit, notariat, médecine. Mais ces jeunes gens instruits, aux espoirs grandioses, ne trouvent pas toujours de travail. Leurs professions sont encombrées car la société canadienne ne peut les intégrer et répondre à leurs aspirations, puisque le génie, l'armée, la marine et l'administration privée et publique sont pour eux des carrières interdites, étant réservées à l'élite de la structure sociale colonisatrice. En raison de cette situation coloniale, le processus de distanciation entre cette petite bourgeoisie et la masse paysanne ne peut se réaliser. Ils doivent se soutenir mutuellement pour protéger leurs assises économiques.

Frustrés dans leurs aspirations, menacés économiquement par l'engorgement du secteur des services et par la crise agricole qui affecte leur clientèle, ces jeunes professionnels prennent rapidement conscience de leurs intérêts et trouvent, dans l'action politique, un débouché où ils exerceront leurs talents et par lequel ils imposeront leur leadership et leur vision du monde, qui correspondait dans cette conjoncture aux intérêts matériels des habitants. Derrière leurs revendications politiques, visant le gouvernement responsable qui signifiait l'accès pour eux à la fonction publique, et leur projet d'émancipation nationale, se profile une lutte sociale.

Deux grandes dominantes caractérisent l'idéologie de la petite bourgeoisie: le nationalisme et le libéralisme. Ce dernier thème prendra une connotation particulière car, en raison du phénomène de superposition nationale et du caractère spécifique de la structure sociale coloniale, la petite bourgeoisie canadienne-française se servira des instruments politiques, habituellement réclamés par la bourgeoisie marchande, pour mettre cette dernière en échec. Elle dissocie le libéralisme politique de sa raison d'être économique: le développement du commerce. Il y a par conséquent décalage entre la superstructure idéologique et la base économique. La petite bourgeoisie professionnelle adopte l'idéologie politique de la bourgeoisie mais, à cause de la situation coloniale, elle ne peut s'allier à cette classe, accepter son hégémonie. Elle préfère s'appuyer sur le peuple, parce que ce dernier lui fournit son assise économique. C'est le paysan qui paie les services du notaire, de l'avocat, du médecin et du petit marchand, de sorte que ces derniers se doivent de défendre les intérêts économiques des paysans. Pour les députés canadiens-français, le pouvoir politique devait servir le développement de l'agriculture, alors que pour les capitalistes anglophones, il devait servir le commerce. Durant cette période, on assiste donc à un conflit de classes qui est en même temps un conflit de nations. Toutes les luttes parlementaires qui suivront portent la marque de cet antagonisme qui met en opposition deux stuctures sociales. Cet antagonisme se répercute à plusieurs niveaux. Il y a opposition entre deux pratiques économiques: l'une fondée sur l'agriculture et limitée au Québec, l'autre fondée sur le capitalisme commercial dans une perspective pancanadienne. Sur le plan politique, les forces en présence se servent de différents pouvoirs pour défendre leurs intérêts: les conseils exécutif et législatif pour les Canadiens anglais, et l'Assemblée pour les Canadiens français. Ces derniers sont contre l'Empire et aspirent à l'indépendance, alors que les Canadiens anglais s'appuient au contraire sur la métropole et veulent maintenir les liens coloniaux. Enfin, les Canadiens français s'opposent à l'immigration pour enrayer la croissance démographique des Anglais, alors que ces derniers par ce moyen se cherchent une main-d'œuvre et, par ricochet, visent à noyer et à assimiler les Canadiens français. Jusqu'en 1837, l'Assemblée législative sera le lieu privilégié de ces affrontements.

Le parlementarisme apparaît alors comme le moyen de briser le pouvoir oligarchique du gouverneur et du conseil exécutif. Cette lutte entre l'exécutif et l'Assemblée débute avec la question de l'entretien des institutions publiques: les prisons. En 1805, il faut lever une nouvelle taxe pour construire des prisons.

Doit-on imposer le commerce ou la propriété foncière?

Conformément à ses intérêts de classe, la bourgeoisie marchande favorise une taxe foncière qui a pour effet de faire supporter par les habitants le coût de l'opération. La petite bourgeoisie au contraire, défendant les intérêts des paysans, veut que ce soient les marchands qui en supportent le coût, en imposant le commerce par une taxe sur le rhum qui servait aux échanges dans la traite des fourrures. Les députés canadiens-français auront gain de cause puisqu'ils forment la majorité à l'Assemblée. Ils utilisent le pouvoir politique pour miner les intérêts économiques de la bourgeoisie.

En plus de la question des taxes pour les prisons, trois autres problèmes illustrent la dialectique de la lutte sociale et de la lutte nationale: l'immigration, le financement des voies de communication et le projet d'union. À titre d'exemple, examinons la querelle sur le financement de la canalisation du Saint-Laurent.

En raison de l'achèvement du canal Champlain en 1822 et des progrès du canal Érié, qui menaçaient l'hégémonie commerciale des marchands anglais de Montréal au profit des capitalistes américains, il était urgent pour cette bourgeoisie d'ouvrir des voies de communication avec le

Haut-Canada et de créer une unité commerciale pancanadienne. Les marchands comptaient bien se servir de l'État
et des fonds publics pour réaliser ce projet. Mais la dépu-
tation canadienne-française ne partageait pas leur avis sur
l'orientation du développement économique. Elle refuse
de financer ce projet avec l'argent du peuple. Cette attitude
était d'autant plus frustrante pour la bourgeoisie marchande, que le Haut-Canada avait commencé à construire sa
partie du canal.

En résumé, on peut constater que les traits dominants de l'idéologie de la petite bourgeoisie sont le libéralisme politique, le laïcisme et le nationalisme émancipateur.
La pensée de L.J. Papineau est révélatrice de ces trois
dimensions de l'idéologie de la petite bourgeoisie professionnelle.

Papineau élabora un programme politique visant le
contrôle de l'appareil d'État par la petite bourgeoisie, et il
prit conscience de l'incompatibilité entre une démocratie
au service des Canadiens français et le maintien du lien
colonial.

Le régime parlementaire et le gouvernement responsable signifiaient pour Papineau la possibilité pour des
Canadiens français de contrôler les institutions politiques
et de les utiliser pour favoriser le développement de la
société canadienne-française. La pensée de Papineau est
centrée sur le Bas-Canada. Il n'a jamais conçu un Canada
comprenant toutes les colonies anglaises. Il s'opposait à la
perspective pancanadienne de la bourgeoisie marchande.

Son nationalisme comporte une dimension économique, car il visait à fonder un ordre économique canadien-
français qui serve en premier lieu les intérêts du Bas-Canada.
Les Patriotes s'opposent à la domination du capitalisme
commercial et à un développement économique extraverti,
c'est-à-dire déterminé en fonction du marché extérieur de
la métropole. Ils tentent de susciter un développement

économique autocentré et orienté vers la satisfaction des besoins de base de la population.

La Rébellion de 1837-1838 était donc une tentative de révolution démocratique dans le cadre d'un État colonial où, à cause de la nature particulière de la structure de classes, ce fut la petite bourgeoisie professionnelle qui fut appelée à en être la force motrice et non pas la bourgeoisie, comme ce fut le cas en Angleterre, en France et aux U.S.A.

Ce nationalisme politique et émancipateur défendu par les Patriotes sera écrasé militairement. L'échec de la Rébellion entraîne donc une modification du rapport entre les forces sociales au Bas-Canada. Elle signifie d'abord la victoire de la bourgeoisie marchande sur la petite bourgeoisie professionnelle. Désormais, le capitalisme pourra se développer sans entraves et sera favorisé par les appareils d'État. La bourgeoisie marchande pourra dès lors exercer son hégémonie et, privilégiée par les nouvelles dispositions constitutionnelles, elle pourra se faire la propagandiste de l'idéal démocratique. Il n'y a plus d'obstacle pour elle à l'établissement du gouvernement responsable dans le cadre du Canada-Uni. L'échec des Patriotes a donc permis la résolution de la contradiction entre ses aspirations à la démocratie libérale et sa situation de domination coloniale.

De plus, à la suite de cet échec de l'élite laïque canadienne-française, ce sera l'élite cléricale qui assumera le leadership dans la société canadienne-française. Le pouvoir idéologique et politique de l'élite cléricale et petite-bourgeoise ne reposera pas sur le contrôle des moyens de production, c'est-à-dire du capital. Il dépend de sa subordination et de sa collaboration avec une autre structure sociale où se trouve le pouvoir économique. À l'intérieur du grand compromis victorien, l'Église laisse la bourgeoisie d'affaires s'occuper du secteur économique, elle s'assure le contrôle social et idéologique, et laisse à la petite bourgeoisie professionnelle les postes politiques et honorifiques.

Les alliances se modifient. La petite bourgeoisie professionnelle, sous l'impulsion de sa fraction modérée, redéfinit une nouvelle stratégie axée essentiellement sur la conservation par la collaboration subordonnée. Dans le cadre du Canada-Uni et du gouvernement responsable, elle délaissera son alliance avec le peuple pour offrir ses services à la bourgeoisie d'affaires qui, en échange de cette soumission, lui ouvrira l'accès à la fonction publique. Ayant une nouvelle assise économique, elle utilisera par la suite le nationalisme dans une perspective défensive et comme argument de chantage pour obtenir des places dans les appareils de l'État fédéral.

L'échec de la Rébellion conduit donc à l'union des deux Canadas et accélère le processus d'infériorisation de la société canadienne-française. À la résistance dynamique et libératrice fondée sur le projet de construire sur les rives du Saint-Laurent une société française, indépendante politiquement et autocentrée économiquement, succède la résistance conservatrice défensive. La lutte pour la survivance va remplacer la lutte pour l'indépendance. «Sentant bien qu'ils allaient devenir minoritaires, les Québécois vont se fixer comme objectif non plus de devenir une société indépendante, mais de conserver leur culture[1].»

Nationalisme et industrialisation

De 1840 à 1867, s'opère donc le grand tournant idéologique de la société canadienne-française. Les principales composantes de l'idéologie, qui dominera le Québec pendant un siècle, se structurent sous la pression des transformations économiques, sociales et politiques survenues après l'échec de 1837-38. Cet événement renforcera tous les effets de la Conquête de 1760 et consacrera l'infériorisation économique, sociale et politique des Canadiens français.

---

1   Marcel Rioux, *La question du Québec,* Montréal, Parti Pris, 1976, p. 78.

La deuxième moitié du XIXe siècle est marquée par la transformation structurelle de l'économie canadienne qui, soumise aux influences extérieures, s'oriente progressivement vers l'industrialisation. Sur le plan international, cette période correspond à la deuxième phase de l'expansion capitaliste, qui se manifeste au Canada par l'entrée massive des capitaux britanniques et plus tard américains, qui sont investis dans les chemins de fer.

Ce qui caractérise cette première phase d'industrialisation au Québec, c'est la primauté des industries légères et le caractère dépendant, extraverti du développement économique. Les entrepreneurs, les marchés, les techniques et les capitaux viennent de l'extérieur et sont contrôlés par les anglophones. La vie économique des Québécois ayant été axée sur le petit commerce et l'agriculture, ces deux activités ne pouvaient permettre une accumulation de capital suffisante et la formation d'une bourgeoisie financière et industrielle, capable d'orienter à son avantage ce processus. Le Québec ne pourra offrir que ses richesses naturelles et une main-d'œuvre à bon marché. De plus, avec la constitution de l'État fédéral, la bourgeoisie pourra se donner des politiques conformes à ses intérêts. La fédération canadienne est, pour une bonne part, une création du capitalisme qui, pour se développer, avait besoin d'un marché et des fonds publics. Pour réaliser ce marché contre nature, il fallait d'énormes investissements dans l'infrastructure que ne pouvait assumer l'entreprise privée. On se servit donc de l'État pour extorquer aux populations des diverses provinces les fonds nécessaires pour renflouer financièrement les compagnies de chemins de fer. Tout naturellement, ce fut surtout l'Ontario qui fut favorisé par la révolution des transports. Ainsi, en 1867, le Québec avait 575 milles de voies ferrées comparativement à 1 393 en Ontario. Adolphe Chapleau disait à l'époque que la province de Québec n'avait jamais été favorisée comme l'Ontario. Ce décalage explique en partie le retard du développement industriel et urbain du Québec, et s'inscrit dans le

prolongement des effets de la Conquête. De plus, la politique nationale tarifaire de 1879, en augmentant de 17,5% à
30% les droits d'entrée sur les objets ouvrés et semi-ouvrés,
stimulera l'industrialisation principalement en Ontario, où
se développe l'industrie lourde.

Mais, malgré ce retard, la société québécoise assistera au démarrage de l'industrialisation puisque, de 1851 à
1896, la production du secteur secondaire passe d'environ
$2,000,000 à $153,470,000, soit une augmentation de
7 578%. Mais, en général, les industries qui s'implantent
sont liées à l'exploitation des ressources naturelles ou produisent les biens nécessaires à la consommation courante
(alimentation).

L'industrialisation s'accompagne toujours d'un
mouvement d'urbanisation. Ainsi, entre 1901 et 1921, la
population urbaine passe de 39,6% à 56% de la population
totale. Dès 1901, l'agriculture n'occupe plus que 38,5% de
la main-d'œuvre active. Le peuplement des villes, comme
la constitution de la classe ouvrière, résulte de la nécessité
de la concentration de la main-d'œuvre industrielle et de
l'arrivée de vagues successives d'immigrants. Ce n'est que
tardivement que les Canadiens français se prolétarisent et
s'urbanisent. Ils devront donc s'intégrer dans un milieu
urbain dominé par les anglophones.

Alors que le Québec s'industrialise au profit des
capitalistes canadiens-anglais et britanniques, l'élite cléricale et petite-bourgeoise définit un projet de société diamé-
tralement opposé à la réalité du monde matériel. Afin de
préserver son assise économique et sa base sociale, cette
élite essaie de convaincre les Canadiens français de demeurer agriculteurs, en dépit des conditions matérielles du
milieu qui sont défavorables à ce genre d'activités. Cette
idéologie refuse l'industrialisation, l'urbanisation, les progrès modernes, l'intervention de l'État et incite les Canadiens français à rester agriculteurs. Mgr Laflèche résume
bien dans un de ses discours la pensée agriculturiste:

> Or, je n'hésite pas à dire, Messieurs, que le travail agricole est celui de l'état normal de l'homme ici-bas et celui auquel est appelée la masse du genre humain. C'est aussi celui qui est le plus favorable au développement de ses facultés physiques, morales et intellectuelles, et surtout celui qui le met le plus directement en rapport avec Dieu ... Oui la prospérité et l'avenir des Canadiens français se trouvent dans la culture et les pâturages de son riche territoire. Puisse le peuple canadien comprendre cette vérité importante et ne la jamais perdre de vue, s'il veut accomplir les grandes destinées que lui réserve sans aucun doute la Providence[2].

Cette idéologie coupée du pays réel, portée par une classe dont la domination dépend de sa subordination / collaboration à une autre structure sociale, rationalise l'impuissance chronique d'une collectivité colonisée, en magnifiant et idéalisant les conséquences de son exploitation et de son aliénation. Autrement dit, elle prend comme postulats de sa vision du monde les effets de la situation coloniale et impose à l'ensemble de la société canadienne-française un projet irréaliste, qui n'a pour seule raison d'être que de justifier la domination d'une classe sans pouvoir effectif, incapable de diriger un développement économique autocentré.

Ainsi dans la phase industrielle du capitalisme, l'idéologie dominante est déphasée par rapport aux tendances structurelles de la société, c'est-à-dire qu'il y a opposition entre un processus d'industrialisation capitaliste et une idéologie dominante, produite et diffusée par l'Église et ses idéologues laïcs, qui se réfèrent à un modèle de société traditionnelle fondée sur l'agriculture et la petite propriété. C'est donc, dans cette période, le caractère attardé de l'idéologie dominante, sous-développée par rapport aux transformations structurelles, qui marque la spécificité des idéologies au Québec.

---

2   Cité par Michel Brunet, *La présence anglaise et les Canadiens,* Montréal, Beauchemin, 1968, p. 126.

De 1850 à 1950, le Canada français est dominé par une idéologie de conservation et un nationalisme essentiellement culturel voué à la défense de la religion, de la langue et des institutions. Nous étions pauvres mais élus par Dieu pour une grande mission spirituelle et morale: christianiser l'Amérique et porter le flambeau de la civilisation. C'est ce que Mgr Paquet déclarait au début du siècle:

> Nous ne sommes pas seulement une race civilisée, nous sommes des pionniers de la civilisation; nous ne sommes pas seulement un peuple religieux, nous sommes des messagers de l'idée religieuse. Notre mission est moins de manier des capitaux que de remuer des idées; elle consiste moins à allumer le feu des usines qu'à entretenir et à faire rayonner au loin le foyer lumineux de la religion et de la pensée. Pendant que nos rivaux revendiquent, sans doute dans des luttes courtoises, l'hégémonie de l'industrie et de la finance, nous ambitionnerons avant tout l'honneur de la doctrine et les palmes de l'apostolat[3].

Cet irréalisme de l'idéologie dominante résulte de la domination nationale et sociale exercée sur la société canadienne-française par la colonisation britannique. Le processus d'industrialisation et d'urbanisation, à cause des structures économiques et politiques imposées par la colonisation, fut réalisé presque exclusivement par des capitalistes anglais et américains. La classe clérico-petite-bourgeoise n'était pas équipée pour jouer le même rôle et assumer à son profit la direction du développement économique. Menacée, prise de panique, elle préféra prendre le parti du repli sur soi, du refus des progrès contemporains qui nous échappaient et se réfugier dans le monde des illusions et des espoirs célestes. Afin de compenser notre infériorité économique, on nous prédisait une destinée grandiose en Amérique du Nord. On sentait confusément que le monde des affaires, de l'usine et de la ville appartenait aux autres, que les Canadiens français n'y avaient pas

---

3   Cité par Mason Wade, *Les Canadiens français de 1760 à nos jours*, Montréal, Cercle du livre de France, 1966, T. 1, p. 554.

leur place, dépossédés qu'ils étaient d'une bourgeoisie propre, dynamique et hégémonique.

Par cette idéologie de refus, cette classe cherche à résister aux changements sociaux, politiques et idéologiques qui sont commandés par le développement de l'industrialisation. L'exode rural frappe la petite bourgeoisie des campagnes, qui voit son assise économique s'effriter. Moins il y a d'agriculteurs, moins il y a de possibilités pour le marchand, le médecin, l'avocat et le notaire de faire des affaires. De même, à la ville, la petite propriété industrielle et commerciale est menacée de disparition par les tendances à la concentration des capitaux. De plus, à la ville, il est plus difficile pour cette élite de maintenir son contrôle idéologique et de conserver son influence politique, puisque le monde industriel est dominé par la langue anglaise et les valeurs matérialistes.

Cette élite, pour compenser son impuissance économique et politique et freiner l'érosion de son pouvoir, lancera un appel désespéré aux femmes pour qu'elles sauvent la nation par la revanche des berceaux. De même, le mouvement syndical sera mobilisé par la défense d'objectifs antinomiques à sa raison d'être. Il fera primer la lutte contre le syndicalisme international anglophone et non confessionnel sur la lutte pour les intérêts économiques des travailleurs. Ainsi, la C.T.C.C. ira même jusqu'à prôner le retour à la terre et idéalisera l'agriculture. Duplessis déclarait pour sa part, en 1950: «L'agriculture est véritablement le point d'appui dont parle Archimède pour soulever le monde. C'est l'industrie basique, c'est la pierre angulaire du progrès, de la stabilité et de la sécurité. Les peuples forts sont ceux chez lesquels l'agriculture occupe une place de choix[4].»

Nous pensons que le caractère irréaliste de cette idéologie dominante de même que le monolithisme de la

---

4   *Le Devoir*, 29 juin 1950.

pensée sociale et économique des Canadiens français s'expliquent par le fait que le pouvoir de la classe dominante canadienne-française n'était pas fondé sur la propriété privée des moyens de production, mais plutôt sur la responsabilité déléguée par la bourgeoisie financière canadienne d'exercer le contôle social et la gestion locale. Puisque cette classe n'avait aucun contrôle sur le développement des stuctures économiques, son idéologie n'avait pas comme fonction principale de légitimer la domination économique et sociale de la bourgeoisie, elle n'avait pas à se définir en fonction du développement des forces productives, mais plutôt en fonction de la préservation de sa position dans les superstructures. Elle vise à conserver au Québec son caractère rural et catholique, parce que cette situation lui donne une légitimité dans la hiérarchie des pouvoirs. Le contenu du nationalisme sera défini lui aussi dans cette perspective. Ainsi, l'élite cléricale et petite-bourgeoise s'accroche à un modèle de société précapitaliste, alors que les forces économiques dominantes, étrangères pour la plupart, s'engagent dans la phase monopoliste du capitalisme.

Les traits dominants du nationalisme canadien-français, depuis 1867, sont la croyance en la théorie du pacte entre les deux nations, le refus de la liaison entre l'État et la nation, la défense du statu quo constitutionnel et de l'autonomie provinciale. C'est une pensée figée qui sacralise le texte constitutionnel et en défend le contenu, en dépit des changements et des nouvelles exigences créés par l'évolution économique et sociale. C'est donc un nationalisme de survivance voué à la défense du cadre juridique canadien, et qui se définit sur une base culturelle. Ce nationalisme participe donc à l'idéologie de conservation qui définit le groupe canadien-français comme porteur d'une culture, «c'est-à-dire comme un groupe qui a une histoire édifiante, qui est devenu minoritaire au XIXe siècle et qui a pour devoir de préserver cet héritage qu'il a reçu de ses ancêtres et qu'il doit transmettre intact à ses descendants. Essentiellement, cet héritage se compose de la religion catholique, de la langue française et d'un nombre indéterminé de traditions et de coutumes. Le temps privilégié de cette idéologie est le passé[5]». C'est un nationalisme mystique qui fait appel à la mission providentielle et au peuple élu pour légitimer l'existence de la nation. La pensée nationaliste de cette époque est l'expression du complexe d'impuissance politique qu'éprouvent les Canadiens français dans un cadre juridique où ils sont minoritaires et soumis à une dynamique qui leur échappe. Dans ce contexte, tout changement est perçu comme une menace et enclenche automatiquement une réaction de défense. Cette dialectique mène à l'irréalisme, car elle force une collectivité à se replier sur elle-même et à adhérer à des projets ou à des thèses qui sont contredites par les faits.

Le nationalisme des Canadiens français est à la fois canadien et canadien-français. Il est canadien parce que contrairement aux anglophones, les Canadiens français ont toujours été anticolonialistes et peu attachés aux rapports avec l'Empire britannique. En ce sens, Henri Bourassa se fera l'ardent défenseur de l'indépendance du Canada, alors que cette question était très secondaire pour les Canadiens anglais qui affirmaient avant tout leur solidarité impériale et, en conséquence, leurs sentiments antifrançais. Ainsi, à l'occasion de la guerre des Boers, le journal *La Presse* traduisait très clairement cette différence: «Nous, Canadiens français, nous n'appartenons qu'à un pays... Le Canada est pour nous le monde entier. Mais les Anglais ont deux patries, celle d'ici et celle d'outre-mer[6].» De même, H. Bourassa se définit comme Canadien avant tout. Il rêve d'un Canada où l'équilibre entre les deux peuples fondateurs serait stable. Il se fait le promoteur d'un nationalisme pancanadien basé sur le respect mutuel des deux races. Son nationalisme canadien prend appui sur deux nationalismes culturels distinctement séparés, lesquels doivent

---

5   Marcel Rioux, *op. cit.*, p. 89.
6   Cité par Mason Wade, *op. cit.*, p. 522.

être dissociés du politique et ne doivent pas chercher à faire la jonction avec l'État. Le rôle de ce dernier est d'être neutre, de se situer au-dessus des nations et de les maintenir en équilibre. C'est une conception idéaliste du nationalisme et de l'État, puisqu'elle implique un refus du politique. Ce nationalisme s'enferme dans des contradictions insolubles, parce qu'il doit dénoncer les sentiments pro-impérialistes, les préjugés raciaux, l'attitude chauvine des Anglais et leurs tentatives d'assimilation et de violation des droits des minorités, sans reconnaître ce qui rend possible ces phénomènes. Dans cette vision du monde, les rapports de force n'ont pas de place. Bourassa refuse d'accepter la logique démocratique de la loi de la majorité et surtout d'en tirer les conséquences. Il s'avoue désenchanté de la Confédération, mais il continue à espérer et à faire comme si ça pouvait fonctionner. Cinquante ans plus tard, Trudeau suivra les traces de Bourassa au mépris des constatations de ses propres analyses qui montraient l'échec de la constitution de 1867. Il écrivait à ce propos:

> À mesure que les Canadiens de langue anglaise devenaient les plus nombreux, ils se mirent à voiler leur intolérance sous le couvert de la règle majoritaire; grâce à cette règle, ils purent supprimer «démocratiquement» le bilinguisme à l'Assemblée législative du Manitoba, violer les droits acquis dans les écoles séparées de diverses provinces, imposer férocement la conscription en 1917, et manquer en 1942 à la parole donnée[7].

Les illusions ont la vie dure chez les colonisés, et les don Quichottes du fédéralisme ne manquent pas. En définitive, le nationalisme de Bourassa est tributaire de la dimension messianique de la pensée de l'époque. Bourassa croyait à la mission civilisatrice et spirituelle du Canada français en Amérique. Il considérait que ce messianisme ne pouvait se réaliser que dans le cadre du fédéralisme. Il s'opposera pour

---

7   P.E. Trudeau, *Le Fédéralisme et la société canadienne-française,* Montréal, HMH, 1967, p. 172.

cette raison à l'indépendance du Québec car, selon lui, le Canada français devait avoir une dimension continentale pour répondre à sa vocation spirituelle. Dans cette perspective, le rôle du Québec était de venir en aide aux minorités francophones des autres provinces. Ainsi, chez Bourassa, le fédéralisme est justifié par le messianisme, c'est-à-dire que l'État et la nation doivent répondre à des impératifs supérieurs et servir les destinées de la divine Providence[8]. En fait, c'est l'intérêt de l'Église qui prime sur les intérêts de la nationalité. Dès lors, il n'est pas étonnant de constater que le nationalisme de Bourassa aura beaucoup plus d'efficacité réthorique que pratique, c'est-à-dire qu'il ne réussira pas en endiguer la régression démographique et l'infériorité économique des Canadiens français. Au contraire, il les affaiblira en entretenant le mythe de la bonne entente et les illusions du pancanadianisme.

Une autre tendance opposera au nationalisme «plus canadien» de Bourassa un nationalisme plus canadien-français.

> Dans la hiérarchie des sentiments patriotiques, notre premier, notre plus haut sentiment d'amour doit donc aller, pour ce qui nous regarde, Canadiens français, à notre province de Québec, vieille terre française, issue de la Nouvelle-France, terre qui plus que toute autre portion du Canada a été pour nous source de vie, milieu générateur par excellence[9].

Cette orientation s'explique par le fait que, durant les années vingt, l'attention de l'élite canadienne-française se détourne de la scène fédérale pour se braquer sur le Québec, car les effets de la minorisation démographique et politique commencent à se faire sentir. Ce réflexe est provoqué par une baisse d'influence des Canadiens français dans l'administration publique, sous le règne des conservateurs

---

8   Voir H. Bourassa, «Séparatisme et nationalisme», Montréal, *Le Devoir,* 29 janvier 1960, p. 6.

9   Lionel Groulx, «Vers l'avenir», *L'Action nationale,* vol. XVIII, octobre 1941, pp. 101-102.

de Borden, et par les échecs successifs des luttes pour la défense des minorités en dehors du Québec. Les relations entre le Québec et le reste du Canada sont à ce point détériorées à la suite de la conscription, où les Canadiens français subirent par la force du nombre et des armes les politiques d'Ottawa, que le député Francœur proposa en Chambre le retrait du Québec de la Confédération. Groulx cristallisera cette prise de conscience collective.

Il cherche à légitimer la nationalité canadienne-française et à découvrir dans son histoire le fil d'Ariane de son destin; Groulx voudra redresser la situation de son peuple par l'arme de l'histoire, qu'il présente comme garante de l'unité, de la cohésion et de l'identité nationale. «Ce qu'il nous faut, dit-il, c'est une mystique... Point d'État français, point de peuple français, sans une mystique française [10].» Pour ce faire, il développe une vision mythique du régime français, voulant ainsi apporter au nationalisme canadien-français l'argument historique dont il avait besoin pour affirmer sa légitimité.

Ce passé qui s'enracine dans le régime français, définit l'essence de ce que nous sommes et les valeurs qu'il faut préserver. Pour Groulx, les colons français ne formaient pas un peuple de trappeurs et d'aventuriers. Ils étaient plus que toute chose un peuple de paysans. «Le nous de première référence est le nous rural [11].» Les modèles de cette société sont le défricheur, l'évangélisateur et le défenseur (culte de Dollard des Ormeaux). À cet égard, Groulx glorifie le rôle protecteur de l'Église. Cette logique aboutit à un nationalisme de conservation, et le fondement principal de la doctrine de notre éveilleur de conscience, c'est le catholicisme qu'il faut préserver à tout prix. Groulx a cherché dans ses fresques historiques à démontrer le rôle

---

10 Lionel Groulx, *Orientations,* Montréal, Éditions du Zodiaque, 1935, p. 266.

11 André Bélanger, *L'apolitisme des idéologies québécoises: le grand tournant de 1934-1936,* Québec, Presses de l'Université Laval, 1974, p. 202.

bénéfique de la religion et des évêques pour le Canada français.

Sur le plan constitutionnel, Groulx, en dépit d'un flirt temporaire dans les années vingt avec le rêve d'un État français indépendant (la Laurentie), reste fidèle au dogme de la pensée nationaliste traditionnelle: l'appartenance du Québec à la Confédération. Pour Groulx, la Confédération canadienne équivaut à la «résurrection du Canada français», parce qu'elle a ressuscité le Québec comme entité politique:

> Toute sa pensée gravite autour de l'autonomie consentie au Québec depuis la dissolution de l'Union ... «la Confédération, c'est nous qui l'avons voulue, nous qui l'avons exigée» ... sa légitimité ne fait aucun doute[12].

Influencé par l'esprit de l'époque, il prévoit, dans *Notre avenir politique,* l'effondrement de la Confédération, mais il ne veut pas pousser à la roue. Il estime plutôt que le Québec doit défendre avec acharnement *son autonomie provinciale* tant sur le plan économique que politique. Il s'en prend aux politiciens qui s'acharnent plus à défendre les intérêts de leur parti que les intérêts de la nation. À son avis, les partis anémient la nation et sont des facteurs de division. Seule, l'Église peut réaliser l'unité de la nation.

Le messianisme constitue aussi une composante essentielle du nationalisme de Groulx. La mission providentielle des Canadiens français consistait à développer l'agriculture, à représenter les valeurs de l'esprit en Amérique et à propager la foi catholique. Ce peuple élu doit devenir le missionnaire du Christ. Le messianisme semble bien être le refuge des cultures menacées et concrétise dans l'illusion leur espoir de libération. Le Canada français, malgré ses déboires, ne doit jamais désespérer car Dieu est son protecteur et le sauvera. L'apport principal de Groulx a été de hausser dans la conscience collective la province de Québec

---

12 *Ibid.*, p. 250.

à un statut de grandeur nationale: l'État national des Canadiens français.

Les principaux leitmotive de cette idéologie sont: l'essentiel c'est le ciel, nous sommes pauvres, nous sommes catholiques et français, l'Anglais exerce sur nous un pouvoir économique écrasant et est responsable de notre subordination et de notre déchéance nationale. Mais le nationalisme canadien-français est désarmé et stérile, car il refuse de recourir au politique pour s'actualiser. Il est subordonné aux finalités religieuses. Dans cette idéologie, même l'activité économique est mobilisée par des valeurs spirituelles et doit servir l'ordre moral et la foi[13].

Ainsi tous les nationalistes constatent le sous-développement économique du Québec, ils dénoncent avec virulence la dictature économique des monopoles étrangers, l'absence des francophones des centres de décisions qui déterminent la vie de la collectivité, mais ils écartent l'emploi de moyens d'action conséquents pour corriger les déséquilibres structurels. Ils s'en remettent à des stratégies de reconquête économique, qui reposent sur la solidarité nationale et qui lient l'avenir économique des Canadiens français à l'achat chez nous, au coopératisme et à la formation d'hommes d'affaires compétents.

> La pensée nationaliste d'alors considéra, en somme, que c'est peine perdue que de vouloir attaquer le colosse à la tête et de le combattre sur le terrain de sa force: l'abondance des capitaux et le *know how* technique déjà le plus avancé du monde. Elle songera à un mode de reconstruction de toute une société par sa base, agriculture, artisanat, petite et moyenne industrie régionale, prise de contrôle du pouvoir d'achat intérieur par l'action coopérative...[14]

---

13 Voir L. Groulx, *Directives,* Montréal, Éditions du Zodiaque, 1937, pp. 24-25.

14 F.A. Angers, «L'industrialisation et la pensée nationaliste traditionnelle», dans *Économie québécoise,* Montréal, Presses de l'Université du Québec, 1969, p. 424.

Mais si on commence à manifester des préoccupations économiques, celles-ci reflètent encore la primauté de la pensée sociale de l'Église qui ne reconnaît pas le caractère positif de l'action de l'État, qui ne doit pas devenir un centre d'autorité autonome et doit se confiner à des fonctions de maintien de l'ordre, sauf dans les domaines de l'agriculture et des ressources naturelles.

Alors qu'au Québec on se méfie de l'État, sur la scène fédérale on assiste au développement des fonctions socio-économiques de l'État, qui est appelé à répondre aux problèmes de la crise économique et aux exigences d'une économie de plus en plus monopoliste. La centralisation et la croissance des pouvoirs de l'État fédéral modifient les rapports de force entre les niveaux de gouvernement et tendent à inférioriser les pouvoirs des provinces. Ce processus amorce la crise constitutionnelle. À cet égard, il faut aussi noter que la Seconde Guerre mondiale accentuera l'invasion du fédéral dans les domaines de compétence provinciale et menacera le principe de l'autonomie provinciale. Le pouvoir de dépenser, les pouvoirs résiduaires et la clause de l'intérêt général cautionnent sur le plan constitutionnel l'immixtion du fédéral, qui institue en 1927 les pensions de vieillesse, l'assurance-chômage en 1941, les allocations familiales en 1944, et réussit avec la collaboration du gouvernement Godbout à accaparer les pouvoirs de taxation directe. Cette conception centralisatrice du fédéralisme fut entérinée par la Commission Rowell-Sirois (1937), qui était chargée d'enquêter sur les relations fédérales-provinciales. Ainsi la bourgeoisie canadienne favorise le développement de l'appareil d'État fédéral pour atténuer les contradictions du capitalisme. Le Comité judiciaire du Conseil privé de Londres, qui agissait jusqu'en 1949 comme Cour de dernière instance dans l'interprétation de la constitution canadienne, légitima aussi cette orientation centralisatrice, en s'appuyant sur la doctrine dite de l'urgence, selon laquelle le Parlement fédéral pouvait dans des circonstances exceptionnelles, comme la guerre ou une crise, légiférer dans des domaines qui jusque-là avaient été de compétence provinciale.

La croissance de l'appareil d'État fédéral peut être illustrée par l'évolution des dépenses publiques et celle de la fonction publique fédérale. Ainsi, alors qu'à la fin de la crise en 1939, le total des dépenses publiques de l'État fédéral était de $385 millions, elles atteindront en 1949 $1,987 millions. Le gouvernement fédéral, qui employait en 1929 43 000 personnes et en 1939 46 000, en emploiera en 1949 124 000[15]. De 1913 à 1960, le taux d'accroissement du secteur civil de la fonction publique fédérale a progressé à un rythme quatre fois plus rapide que celui de la population. 1939 constitue à cet égard le point tournant. La guerre et ses séquelles ont entraîné une augmentation de 40% des effectifs, alors que les nouvelles fonctions socio-économiques de l'État fédéral suscitèrent pour leur part une croissance de 20% du personnel de la fonction publique. Ces données démontrent clairement la transformation du rôle du gouvernement fédéral. Cette expansion des fonctions de l'État central rend désuète la constitution et accentue la dépendance des États provinciaux, ce qui constitue pour le Québec une menace à sa survie. En réaction, le mouvement nationaliste se tournera vers le passé et la résistance juridique pour défendre l'autonomie provinciale, au lieu de tenter de développer les pouvoirs politiques du Québec.

Si le nationalisme de cette époque se construit sur le rejet de l'État, c'est parce que l'Église est un État dans l'État, et qu'elle agit comme force de cohésion sociale au sein de la société québécoise du moins. Ce type de nationalisme institue des frontières d'ordre culturel (langue et foi) plutôt que d'ordre politique. La nation c'est le Canada français et c'est l'Église qui est le lieu de l'organisation et

---

15   Voir Richard M. Bird, *The Growth of Government spending in Canada*, Toronto, Canadian Tax Foundation, 1970, pp. 239 et 299.

de la représentation de la nation. «Le discours qui s'est qualifié d'autonomiste ne formulait pas, en général, une revendication de pouvoir supplémentaire pour l'État québécois, mais plutôt le refus de toute intervention externe qui aurait pu mettre en cause l'organisation interne du contrôle, c'est-à-dire les places propres de l'Église et de l'État québécois dans leur articulation spécifique[16].»

Mais cette définition religieuse de la nation s'incarnera politiquement dans le discours nationaliste de Duplessis qui s'est fait le champion de l'autonomie provinciale. Dans sa définition de la nation, il met au premier rang les valeurs religieuses et spirituelles.

«La force de la province réside dans la profondeur de ses sentiments religieux..., (elle) doit être la forteresse de la civilisation chrétienne au Canada et même sur tout le continent américain[17].» Comme pour les nationalistes traditionnels, la langue, les traditions françaises et surtout la foi catholique sont pour lui les trois composantes essentielles de la nation: «Nos traditions religieuses et nationales sont essentielles, qu'elles inspirent nos activités parce qu'elles sont les meilleures garanties de progrès et de survivance nationale[18].»

Sur les questions constitutionnelles, Duplessis ne s'oppose aucunement au fédéralisme et à la constitution de 1867, parce qu'il privilégie avant tout la stabilité et l'ordre: «Une stabilité véritable ne saurait exister sur la destruction de la Confédération... Seul le fédéralisme peut garantir l'harmonie nationale et faire du Canada une nation grande et forte[19].» Ce n'est donc pas la constitution qui est responsable des problèmes constitutionnels, mais les centralisateurs d'Ottawa qui ne la respectent pas. Duplessis

---

16   Nicole Laurin-Frenette, *Production de l'État et formes de la nation,* Montréal, Nouvelle Optique, 1978, p. 100.

17   *Le Devoir,* 22 novembre 1946 et 3 janvier 1950.

18   *Le Devoir,* 2 janvier 1951.

19   *Le Devoir,* 3 janvier 1946 et 4 octobre 1955.

adhère donc à la théorie du pacte entre les deux nations et se réfère à l'esprit des Pères de la Confédération pour légitimer la défense de l'autonomie provinciale. «L'autonomie, c'est la sauvegarde des libertés et prérogatives provinciales, c'est le droit d'être maître chez soi, et le droit de légiférer de la manière qui nous convient et le pouvoir d'appliquer ces lois..., c'est le respect des droits que nous avons conquis et que la constitution nous a reconnus[20].» En dernière analyse, pour Duplessis, l'autonomie c'est le droit de maintenir l'ordre social existant dans la province, c'est le droit de résister aux changements et de préserver les privilèges des communautés religieuses dans les domaines scolaire et hospitalier. L'autonomie, pour Duplessis, signifie donc la conservation et non pas l'innovation. Il ne s'agissait nullement de réclamer un nouveau partage des pouvoirs. Pour renforcer ses thèses contre l'idéologie centralisatrice d'Ottawa, il institue en 1953 la Commission Tremblay, chargée d'enquêter sur les problèmes constitutionnels et de cautionner le refus québécois des ententes fédérales-provinciales.

Les questions fiscales lui serviront de cheval de bataille et lui permettront de galvaniser l'opinion publique. Depuis 1942, le fédéral occupait la totalité du champ des impôts directs. Duplessis refuse de renouveler ces ententes fiscales qui portaient atteinte à l'esprit de la constitution.

> Que les provinces deviennent les remorques d'un pouvoir qu'elles ont créé serait à l'encontre de la lettre et de l'esprit de la Confédération... Il n'existe pas de gouvernement responsable qui se borne à administrer l'argent provenant des taxes imposées et perçues par un autre gouvernement[21].

Il crée donc, en 1954, l'impôt provincial et fait porter l'odieux de la double taxation au gouvernement fédéral.

---

20 *Le Devoir,* 19 septembre 1949.
21 *Le Devoir,* 27 janvier 1947 et 27 janvier 1955.

En fait, la lutte pour l'autonomie provinciale apparaît comme une lutte pour le statu quo fédératif, à une époque où le gouvernement fédéral voulait «parfaire» la fédération dans le sens de la centralisation. Il faut souligner ici le fait que Duplessis ne sera jamais indépendantiste.

Son autonomisme répondait aussi à des nécessités pragmatiques électorales, car en jouant sur la fibre nationaliste et en s'attaquant aux centralisateurs d'Ottawa (i.e. les libéraux), il discréditait le Parti libéral provincial qui avait aliéné les droits constitutionnels de la province.

Le contenu positif de son autonomisme est très faible. Duplessis n'a jamais pensé que le Québec pouvait affirmer la maîtrise de sa vie économique, politique et culturelle. C'est son conservatisme social et son attitude négative défensive qui caractérisent sa lutte pour l'autonomie provinciale. Soulignons, à cet égard, que Duplessis employait toujours le terme «province», et non celui d'État pour décrire le Québec.

Ainsi, pendant plus d'un siècle après l'échec de la Rébellion de 1837-38, l'idéologie dominante au Canada français exprime les effets de la colonisation intériorisée. C'est l'idéologie de la collaboration qui prévaut dans la pensée de l'élite. Le nationalisme prend les couleurs de l'échec et couvre un projet de société modelé par les intérêts du pouvoir clérical. Il s'agit de défendre la Confédération parce qu'elle permet aux professionnels canadiens-français d'accéder à des postes rémunérateurs, et à l'Église de se servir du pouvoir provincial pour réaliser ses projets de société théocratique. La religion et la culture occupent donc le devant de la scène idéologique, alors que l'économie canadienne entre dans sa phase industrielle. L'idéologie définie par la classe dominante canadienne-française va à contre-courant des tendances du monde industriel, en refusant l'industrialisation, l'urbanisation, le rôle actif de l'État dans le développement économique, et se réfugie dans des valeurs conservatrices comme le messianisme, le spiritualisme et l'agriculturisme. Cette idéologie est donc coupée de la réalité et impuissante à orienter le développement de la société, parce qu'elle correspond aux intérêts d'un groupe social non dynamique et exclu des véritables centres de décisions. Cette classe se sert du nationalisme pour préserver son statut d'intermédiaire et justifier la nécessité de sa collaboration avec la classe qui domine économiquement. Ce siècle fut celui du nationalisme de l'impuissance et de la soumission, qui définissait le Québec comme une société rurale et cléricale.

Le nationalisme dans la phase monopoliste du capitalisme

Le développement économique du Québec de l'après-guerre est caractérisé par le retour de la prospérité économique et par l'intensification du processus de monopolisation. Ces nouvelles tendances initiées par les forces économiques étrangères entraîneront une adaptation accélérée de la société québécoise, qu'on appellera la Révolution tranquille. L'idéologie traditionnelle sera remise en question par la montée de nouvelles idéologies de remplacement plus conformes aux exigences d'une société moderne. La Révolution tranquille signifiera l'effrondrement du monolithisme idéologique et l'émergence d'une pluralité d'orientations idéologiques, dont les plus importantes sont la valorisation de l'État, l'affirmation d'un nationalisme d'émancipation et l'irruption d'une gauche socialiste. Donc, dans l'après-guerre, on assistera à une mutation des superstructures politiques et idéologiques nécessitée par les transformations économiques.

La modernisation de la structure industrielle québécoise dans l'après-Seconde Guerre mondiale est provoquée par l'entrée massive des capitaux américains. Elle aura deux effets: la modification de la composition de la structure sociale et le développement des fonctions de l'État provincial.

Avec la crise de 1929 et surtout dans l'après-guerre, les capitaux américains se ruent vers les richesses naturelles québécoises. Ainsi, de 1953 à 1961, l'investissement total américain au Québec passe de $2,305 millions à $4,320 millions, ce qui représente 74% du capital d'investissement direct. Les capitaux étrangers dominent les secteurs névralgiques de l'économie: fer et acier 79%, produits chimiques et médicaments 77%, instruments de précision 72%, machines 65%, matériels de transport 80%, pétrole 100%.

Quant aux francophones, ils ne peuvent résister au processus de concentration et à la concurrence étrangère. En 1961, leurs entreprises ne produisent que 15% de la valeur ajoutée, et on les retrouve surtout dans les secteurs traditionnels (bois, cuir, meuble). Aujourd'hui, les Canadiens français ne contrôlent au Québec que 4% à 5% des entreprises industrielles, ayant plus de $50 millions d'actifs, et ne possèdent qu'un tiers des petites et moyennes entreprises.

Ainsi façonnée par des intérêts étrangers favorisés par la complaisance et la vénalité des élites politiques, l'économie québécoise présente certaines anomalies structurelles, comme la faiblesse du secteur secondaire typique de l'extraversion et de la dépendance économique. L'économie québécoise se spécialise dans l'extraction des matières premières exportées sans être transformées et dans la tertiarisation, comme l'indique la répartition de la main-d'œuvre active:

Répartition de la main-d'œuvre active par secteurs 1941-1974[22]

	1941	1961	1970	1974
Primaire	26,5	11,4	7,2	5,6
Secondaire	35,0	34,5	32,0	31,4
Tertiaire	38,4	51,1	60,7	62,5

On assiste donc à une diminution rapide de la main-d'œuvre dans le secteur primaire qui est due à une augmentation de la productivité, accompagnée d'une faible croissance de la demande. C'est surtout le secteur agricole qui subit d'importantes baisses d'effectifs. Le secteur secondaire, quant à lui, est soumis à deux types de mouvements. Il y a d'abord des déplacements significatifs, occasionnés par la pénétration massive des capitaux américains dans les secteurs industriels liés à des richesses naturelles (pâtes et papier, fer, acier, aluminium), qui se développent rapidement. Parallèlement, on assiste aussi au déclin des industries légères occasionné par le processus de concentration et de la rationalisation multinationale de la production. Parce que l'économie est contrôlée par des intérêts étrangers et parce que les Québécois ne contrôlent pas tous les leviers politiques, le Québec jusqu'à présent a été incapable de résister aux tendances à la désindustrialisation.

Enfin, la tendance la plus significative est la croissance du tertiaire qui passe de 38,4% en 1941 à 62,5% en 1974. Cette nouvelle réalité du monde du travail, en plus d'exiger des travailleurs qu'ils soient plus scolarisés, accentuera les tensions sociales liées à la division ethnique du

---

22 Ce tableau a été construit à partir de données tirées de: Mario Dumais, «L'évolution économique du Québec» dans *Économie québécoise*, Montréal, Presses de l'Université du Québec, 1969, p. 222; et de P.A. Julien, P. Lamonde et D. Latouche, *Québec 2001, une société refroidie,* Montréal, Boréal Express, 1976, p. 94.

travail, car la langue et la culture deviennent dans ce nouveau contexte des instruments de travail qu'il faut valoriser sur le marché du travail, où l'anglais et le français seront en concurrence. Le contact avec la modernité industrielle rendra donc plus aiguës les inégalités ethniques, ce qui accélérera la prise de conscience des contradictions nationales à l'intérieur du système politique fédéral et de l'infériorité économique des francophones.

Durant cette période, même si le développement économique du Québec se fait d'une façon extravertie et dépendante, il amène une prospérité relative. Les salaires augmentent plus rapidement que le coût de la vie, et même si les salaires sont plus bas au Québec et le taux de chômage plus élevé que dans le reste du Canada, il y a une amélioration relative du niveau de vie. Les Québécois nouvellement urbanisés entrent dans l'ère de la société de consommation, ce qui fait apparaître de nouveaux besoins, de nouvelles aspirations à la mobilité sociale et une nouvelle conscience politique. En effet, la modernisation de la structure économique fait naître une classe ouvrière plus qualifiée et surtout tertiarisée, qui soutiendra la Révolution tranquille et le renversement d'hégémonie politique.

Le portrait de la situation économique des Québécois francophones comparé à celui des anglophones a été esquissé par la Commission royale d'enquête sur le bilinguisme et le biculturalisme. Globalement, cette étude a démontré que, sur le plan du revenu et de l'occupation, le Québécois francophone se retrouvait toujours au bas de l'échelle. Aussi au plan des salaires, le francophone vient au 12e rang au Canada. Cet écart a été confirmé par une étude faite en 1971 et, plus récemment, par une enquête qui constate que l'écart de revenus en dollars constants de 1971 à 1978 est resté supérieur à $2 000 à l'avantage des anglophones. En 1971, les anglophones gagnaient en moyenne 23,8% de plus que les francophones. En 1978, cet écart est de 18,7%. Même les francophones bilingues ont des revenus inférieurs aux anglophones unilingues.

Au chapitre de l'occupation, la Commission a mis en évidence la sous-représentation des francophones dans les secteurs influents et rentables. À cet égard, le président sortant de la Chambre de commerce de Montréal déclarait, le 9 septembre 1970, que 4/5 des emplois de cadres dans le secteur privé sont occupés par des anglophones, alors que la population québécoise compte 80% de francophones. En consultant le Bottin des directeurs (Directory of Directors), on a découvert que parmi les 12 741 noms enregistrés en 1971, seulement 9,5% des directeurs portaient des noms français et parmi ceux-ci, une grande proportion était des avocats et des anciens politiciens, de sorte que leur position n'est pas fonction de la propriété du capital.

Le nationalisme ne peut être réduit à un phénomène idéologique ou d'ordre psychologique, car l'oppression nationale entraîne des effets dans les rapports de production, dans les relations économiques, et crée les conditions objectives d'une alliance entre la nouvelle petite bourgeoisie et la classe ouvrière.

> Parce que leur force de travail est fortement qualifiée intellectuellement, parce que leur formation et leur qualification professionnelle font largement appel à la maîtrise d'un code linguistique et d'une culture générale et scientifique, parce que la maîtrise de ce code linguistique et de cette culture est indissociable de la défense d'un métier, d'un profession ou d'un emploi, ces agents sociaux sont d'une extrême vulnérabilité aux pratiques de discrimination qui découlent de la structure de domination nationale des formations sociales capitalistes. Ces pratiques discriminatoires mettent directement en coupe, en effet, leur position sociale et les privilèges qui lui sont associés[23].

La discrimination linguistique est un des aspects les plus évidents de l'oppression nationale, parce qu'elle rend

---

23   Carol Levasseur, *Mouvements nationalitaires et structure de domination nationale,* texte ronéotypé, Québec, Université Laval, 1977, p. 50.

tangibles et immédiatement saisissables les contradictions
sociales qui découlent de la subordination politique d'une
nation à une autre. Ainsi, une enquête faite par la C.S.N.
en 1965 révélait que dans les entreprises possédées par des
non-francophones, seulement 50% des travailleurs pouvaient utiliser le français dans leurs rapports avec le patron,
que seulement 70% des travailleurs pouvaient négocier
leur convention collective en français, que seulement
52,4% avaient une convention rédigée seulement en français et que, dans 61,4% des cas, l'anglais était la langue
officielle de la convention collective de travail. Le mouvement nationaliste est donc l'expression d'une lutte de classe
à caractère ethnique. La distribution de la population,
selon le critère de l'origine ethnique, illustre bien cet effet
de subordination et d'inégalité créé par la division culturelle du travail dans le cadre de l'oppression nationale.

Distribution des groupes linguistiques par occupation,
homme, secteur non agricole, Québec, 1970 [24]

	anglophones	francophones
% de la population	14	86
Occupations administratives	31	69
Employés de bureau	21	79
Vendeurs	19	81
Employés de la production	10	90

Ainsi, les anglophones sont surreprésentés dans les emplois
liés au travail intellectuel, alors que les francophones sont

---

24   Voir J. Mascotto et P.-Y. Soucy, *Sociologie politique de la question*
     nationale, Montréal, Éditions coopératives Albert St-Martin, 1979, p. 80.
     Ces données sont tirées de: F. Vaillancourt, *La situation des francophones*
     sur le marché du travail québécois, Montréal, C.S.N., 1977.

surreprésentés dans le travail manuel. Cette différence ne peut s'expliquer que par des causes structurelles, c'est-à-dire par les déséquilibres socio-économiques créés par la colonisation britannique.

Le mouvement national est aussi un mouvement social. Il se constitue sur la base d'une alliance de classes qui ont des intérêts similaires dans la lutte contre l'oppression nationale. En effet, la classe ouvrière subit les effets de l'oppression nationale et, en ce sens, ses intérêts convergent vers ceux de la nouvelle petite bourgeoisie, car la langue est un moyen indispensable à l'ensemble des relations économiques et culturelles d'une société. La langue fait partie des conditions de travail, et lorsque la langue d'usage n'est pas celle de la majorité de la population, cela entraîne des conséquences plus ou moins graves pour les travailleurs de la nation dominée qui forment la très grande majorité de la classe ouvrière. Marcel Pepin, président de la C.S.N., déclarait à ce propos ce qui suit:

> Combien de milliers de travailleurs québécois se sont vu refuser un emploi au Québec, parce qu'ils ne connaissent pas l'anglais ou ne le connaissaient pas suffisamment?
>
> Combien de travailleurs (...) se sont vu refuser des promotions, même en deçà du niveau des cadres, faute de posséder suffisamment l'anglais, ou sous le prétexte qu'ils ne le possédaient pas suffisamment?
>
> Combien de milliers de Québécois ont perdu des chances dans leur vie professionnelle, faute d'avoir eu le temps ou le moyen de se donner une double qualification: la compétence technique et la double compétence linguistique? Combien auraient pu acquérir une connaissance technique très aisément, s'ils n'avaient eu pour ce faire à apprendre un autre parler que le leur? Rien qu'à poser ces questions, on sent que le dommage a dû jusqu'ici être immense[25].

Ainsi, les Québécois francophones sont sous-représentés dans les fonctions de responsabilité et de pouvoir et

---

25　M. Pepin, «Le français au travail, une lutte ouvrière et nationale», *L'Action nationale,* vol. LXIII, nos 8-9, avril-mai, 1974, pp. 633-634.

sont surreprésentés dans les secteurs agricole, primaire et non spécialisés. Certes, après 1945, les francophones ont gravi l'échelon des emplois industriels dans la structure des occupations, mais cette modernisation ne leur a pas donné accès aux postes de commande de l'économie. La modernisation de l'économie québécoise n'a pas modifié non plus la disparité économique entre le Québec, l'Ontario et le reste du Canada. Ainsi, le revenu *per capita* au Québec est resté depuis 1926 équivalant à 73% de celui de l'Ontario. On a réussi à maintenir le niveau d'inégalité.

Le Québec présente donc toutes les caractéristiques d'une société dépendante et dominée. Cet état de dépendance se traduit empiriquement par la domination des monopoles étrangers, par l'exportation de produits de base, par l'importation de capitaux et de produits finis, par la non-diversification des échanges avec l'extérieur, canalisés vers les États-Unis. Cependant, le Québec est aussi une formation sociale intégrée à une société capitaliste avancée, ce qui marque sa spécificité par rapport aux pays du Tiers monde. Le processus de concentration y est très élevé (en particulier dans le secteur bancaire), il y a domination du capital financier et dissolution quasi totale des modes de production précapitalistes. Enfin, le Québec offre une dernière particularité, car c'est une formation sociale avec un État tronqué qui ne dispose que de faibles pouvoirs aux niveaux fiscal et monétaire et est incapable d'influencer l'orientation des investissements et de l'emploi.

Ainsi, avec la modernisation de la structure industrielle et l'entrée du Québec dans la phase monopoliste du capitalisme, on assiste à la croissance du secteur des services et au développement des fonctions socio-économiques de l'État, ce qui entraîne des effets sur la composition de la structure de classes. Celle-ci est toujours dominée par l'impérialisme américain et son alliée intérieure, la bourgeoisie canadienne, à laquelle se greffent quelques éléments francophones qui ne forment ni une classe distincte, ni une fraction autonome. Mais l'hégémonie de la petite bourgeoisie rurale et professionnelle a été remplacée par l'hégémonie d'une nouvelle petite bourgeoisie urbaine et technocrate, qui consolide son pouvoir par une alliance avec la classe ouvrière et en particulier avec les travailleurs des services publics et parapublics, parce qu'ils ont des intérêts concomitants.

C'est le développement des fonctions socio-économiques de l'État, qui sont indispensables au maintien de la croissance économique, qui a nécessité la formation de cette nouvelle élite gestionnaire. Celle-ci profitera de la rénovation superstructurelle réalisée par la Révolution tranquille pour accroître et consolider son pouvoir et, à cette fin, elle définira une nouvelle idéologie dominante qui suivra deux trajectoires principales. En 1960, la nouvelle élite qui assume la direction politique de la société québécoise n'est pas homogène. Elle est composée, entre autres, d'une fraction liée aux intérêts du capitalisme anglais et américain qui soutient le processus de modernisation, mais veut en maîtriser l'orientation en le maintenant dans le cadre des structures politiques fédérales. L'État québécois devait être renforcé mais pas au point de devenir trop puissant pour le système politique canadien.

Il s'agissait avant tout de rattraper le temps perdu dans tous les domaines, en remplaçant l'Église par l'État comme institution centrale de la société. Dans cette perspective, la Révolution tranquille démocratisa les institutions politiques, modernisa la fonction publique, créa de nombreuses sociétés d'État comme la S.G.F., Sidbec, Soquem, la Régie des rentes du Québec, la Caisse de dépôt, etc. Elle réalisa la nationalisation de l'électricité, la réforme de l'éducation, la laïcisation des services sociaux. Cette revalorisation des fonctions sociales et économiques de l'État est bien illustrée par l'évolution des dépenses publiques qui étaient de $91,1 millions en 1945 et qui

passent à $3 milliards 148 millions en 1970. Ainsi, le
service de la dette en 1970 était supérieur au coût de
l'administration de toute la province en 1945. Cette dynamique de changement liée aux nouvelles fonctions de l'État
va renforcer la position sociale de la fraction technocratique de la petite bourgeoisie, qui voudra utiliser les nouveaux appareils d'État pour accéder aux postes de responsabilité et renforcer son pouvoir économique.

Cette fraction technocratique fortement scolarisée
est composée d'intellectuels, d'ingénieurs, d'économistes,
de sociologues, de syndicalistes. À la fin des années 60, elle
rompt son alliance avec la fraction capitaliste représentée
par le Parti libéral, parce que celui-ci a freiné la dynamique
de changement, afin de ne pas nuire aux intérêts de la
bourgeoisie canadienne. Pour sa part, cette nouvelle fraction technocratique veut transformer son savoir, qui est
l'aspect principal de son capital en pouvoir, et faire de
l'État l'instrument de la promotion collective et, par conséquent, d'elle-même. Cette nouvelle élite mise donc sur la
planification, sur une intervention plus énergique de l'État
dans le domaine économique, et fait montre d'une plus
grande intransigeance envers l'État fédéral. Elle veut en
quelque sorte mener à son terme la Révolution tranquille,
et faire du Québec une société complète et capable de
s'autodéterminer politiquement. Pour réaliser ce projet,
elle développera un nouveau type de nationalisme. On
peut donc constater qu'après 1960, la revalorisation du
rôle de l'État va rénover la prise de conscience nationale en
provoquant le rejet du nationalisme canadien-français de
conservation et de survivance, qui sera remplacé par le
nationalisme québécois. Les aspects juridico-culturels et
défensifs du nationalisme traditionnel sont remplacés par
un nationalisme politique. La question nationale devient
une question de pouvoir politique et vise à faire la jonction
de l'État et de la nation, c'est-à-dire réaliser la souveraineté
politique du Québec. Le partage des compétences dans le

cadre du système fédéral est remis en question, car l'exercice des nouvelles fonctions de l'État québécois nécessite l'accroissement des champs de taxation et de législation. Le Québec, pour exister comme nation et assurer son développement économique, doit se donner la maîtrise complète des leviers politiques, ce qui assurera en même temps l'accès à la mobilité sociale de la nouvelle élite technocratique. Il s'agit donc de récupérer l'ensemble des pouvoirs d'un État *normal* en s'affranchissant du pouvoir fédéral. Tel est le contenu de la nouvelle idéologie nationaliste qui résulte du changement des fonctions du politique dans la phase monopoliste du capitalisme.

La Révolution tranquille suscite donc la prise de conscience d'une nouvelle identité nationale, fondée sur la prise en main de notre destin par la jonction de l'État et de la nation. On ne parle plus de la province mais de l'État du Québec, et on revendique le pouvoir aux Québécois. Cette reviviscence d'un nationalisme de libération se manifeste par la fondation de plusieurs mouvements indépendantistes, dont les plus importants seront le Rassemblement pour l'indépendance nationale et le Parti québécois.

L'idéologie du R.I.N. se base sur le postulat de la nécessité de l'indépendance. Son argumentation est la suivante. Nous sommes des étrangers dans notre propre pays. Notre économie, nos richesses sont développées en fonction d'intérêts étrangers et non pour les Québécois. Cette dépendance économique se répercute sur le plan culturel et conduit inéluctablement à l'assimilation et à la minorisation définitive des francophones. Dans la Confédération, le Québec est une société dominée et privée des pouvoirs qui lui permettraient de prendre en main ses destinées. Tant que nous n'aurons pas conquis notre indépendance politique, l'indépendance économique et la culture québécoise demeureront des mythes; si nous ne nous séparons pas, nous reproduirons l'incurie et l'impuissance des générations passées, et nous transmettrons aux générations futures notre mentalité de colonisé et notre infériorité économique.

Le nationalisme de libération se distingue du nationalisme traditionnel, car il déconfessionnalise la définition de la nation. Il rejette l'homogénéité religieuse comme caractéristique de la collectivité nationale, et la remplace par l'homogénéité linguistique et culturelle. Il soutient aussi un projet de changement social qui insiste sur la planification économique, l'intervention généralisée de l'État, une redistribution plus égalitaire du revenu, la laïcisation de la société, la nationalisation des ressources naturelles et de certains secteurs économiques à tendance monopoliste.

Durant les huit années de son existence, le R.I.N. a servi de catalyseur à la question nationale et, par sa propagande et son travail d'éducation politique, il a joué un rôle actif dans la Révolution tranquille, en forçant les partis traditionnels à préciser leurs options constitutionnelles. Après la fondation du Parti québécois, le R.I.N. se dissoudra pour favoriser l'unité du mouvement indépendantiste.

En 1968, le P.Q. reprend le flambeau du projet indépendantiste et tente d'élargir son assise électorale, en atténuant l'effet de rupture avec le Canada. Le P.Q. pose l'indépendance comme prémisse à ses projets de réformes. Sans l'indépendance, la société québécoise ne peut déterminer elle-même ses priorités économiques, sociales et culturelles. À cet égard, la constitution canadienne est un carcan qui entrave l'épanouissement collectif des Québécois. Le Québec, pour exister comme nation, doit donc se donner la maîtrise complète des leviers politiques. Mais à l'idée de souveraineté politique, on ajoute explicitement l'idée d'une association économique avec le reste du Canada.

En somme, la montée des mouvements indépendantistes et le développement d'une nouvelle idéologie dominante sont des effets inattendus de la modernisation de la structure industrielle, car celle-ci nécessite une main-d'œuvre plus qualifiée, elle provoque la croissance du secteur des services et nécessite enfin le développement des fonctions de l'État, qui doit jouer un rôle de suppléance et assurer la croissance économique. L'État deviendra ainsi la base de l'ascension sociale d'une nouvelle couche sociale, la petite bourgeoisie technocratique qui est indispensable au fonctionnement du capitalisme monopoliste et qui veut utiliser l'État québécois pour consolider son hégémonie et renforcer sa position dans le secteur privé.

Cette couche formera un des éléments de la base sociale du mouvement nationaliste, parce qu'elle éprouve plus directement les effets de l'oppression nationale dans les rapports de production.

Cette nouvelle idéologie tente de mobiliser une base sociale large, afin de redéfinir les rapports économiques entre les groupes nationaux par la médiation du pouvoir politique, et elle mise sur l'État comme agent central de développement de la collectivité. Un des enjeux soulevés par la question nationale, en plus de l'épanouissement culturel et linguistique des francophones, est le contrôle et l'utilisation des ressources publiques pour favoriser le développement économique du Québec.

Par cette revue des trajectoires du nationalisme au Québec, nous avons pu constater que le contenu de l'idéologie nationaliste a varié à travers le temps, mais aussi qu'il y a une ligne continue qui traverse ces diverses formes de nationalisme. Depuis la Conquête anglaise, en employant des stratégies et des moyens différents, les Québécois ont opposé une résistance farouche à l'assimilation et ils ont mené une lutte incessante pour reconquérir le pouvoir politique perdu avec la défaite militaire de 1760. Le projet de souveraineté-association prolonge cette continuité en l'adaptant aux nouvelles conditions du monde moderne, où un peuple qui veut survivre, s'épanouir et apporter une contribution positive à l'humanité doit être indépendant et contrôler les centres de décisions politiques.

Le nationalisme au Québec n'est pas un courant de pensée éphémère et superficiel. C'est une constante de la vie collective des Québécois enracinée dans la situation de subordination politique de notre collectivité. Toutes les générations se sont employées et s'emploieront à l'édifier tant que le problème ne sera pas résolu, tant que nous ne disposerons pas d'un cadre politique nous permettant d'exercer souverainement nos responsabilités.

CHAPITRE III

Le Québec a-t-il un avenir dans le fédéralisme canadien?

Après cette longue rétrospective de l'évolution du nationalisme au Québec, il faut faire le point sur la situation actuelle et sur la place du Québec dans le système politique canadien. À notre avis, depuis la Seconde Guerre mondiale, les rapports entre le Québec et le Canada se caractérisent essentiellement par deux tendances majeures: la minorisation politique du Québec et la centralisation des pouvoirs au niveau fédéral. Si ce dernier phénomène s'inscrit dans la dynamique de la croissance de l'économie canadienne et remonte comme nous l'avons vu précédemment aux années trente, le premier par contre correspond à la logique de la domination et de l'oppression nationale qui a prévalu à la construction du Canada. La position des francophones dans la structure du pouvoir a constamment régressé depuis 1867, et le fédéralisme a beaucoup plus servi le développement de la majorité anglophone que celui de la minorité francophone. Aujourd'hui, les Acadiens mis à part, il faut constater que les minorités francophones hors Québec sont en voie de folklorisation. Les politiques de bilinguisme fonctionnel ont été impuissantes à enrayer le processus d'assimilation, qui est particulièrement fort chez les jeunes Franco-Canadiens. Le Québec est donc la dernière chance des français en Amérique, et depuis un siècle, son importance et son influence dans la vie politique canadienne sont en déclin.

Ainsi, dans l'évaluation des perspectives d'avenir du Québec dans le fédéralisme canadien, il faut tenir compte des rapports démographiques. Alors que la population du Québec, d'une part, et la population francophone au Canada, d'autre part, représentaient plus du tiers de la population totale du Canada en 1867, aujourd'hui elles ne représentent que 27% du total, et leur importance numérique ne cesse de décroître. Louis Duchesne écrit à ce propos:

Dans les vingt-cinq dernières années, par exemple, les migra-
tions ont contribué à un affaissement de la majorité francophone au Québec: de 87% qu'elle était pour le groupe des
jeunes Québécois agés de 0-19 ans en 1951, la proportion des
francophones au sein des 25-44 ans en 1976 passe à 81%. Les
jeunes anglophones des mêmes générations se sont accrus non
seulement en nombres relatifs, mais aussi en nombres absolus
(de 30 000), tout comme les allophones qui augmentent leurs
effectifs de 75 000 personnes[1].

Ce phénomène de régression démographique est
tributaire de plusieurs facteurs. D'abord, il y a l'assimilation forcée des francophones hors Québec. Ensuite, il faut
considérer que les politiques fédérales d'immigration dé-
favorisent le Québec, dans la mesure où 85% des immigrants s'établissent au Canada anglais et, parmi ceux qui
s'installent au Québec, seulement 3,5% sont de langue
française, 60% sont de langue anglaise à leur arrivée, et les
allophones ont tendance à s'intégrer à la communauté
anglophone. De plus les francophones du Québec ont
eux-mêmes tendance à s'angliciser pour des raisons économiques; ainsi en 1973, les étudiants francophones représentaient 12,4% de tous les étudiants des écoles anglaises. Si
la loi 101 a réussi à corriger certaines de ces tendances, il
n'en demeure pas moins qu'à long terme l'immigration
contribuera à l'augmentation plus rapide de la population
au Canada qu'au Québec. Cet écart grandissant est aussi
accentué par le taux de natalité au Québec, qui est le plus
bas des provinces canadiennes. On prévoit qu'avec la
combinaison de tous ces facteurs et s'il n'y a aucun changement politique, les francophones en l'an 2000 ne repré-
senteront que 20% de la population canadienne. La comparaison des taux de croissance de la population au Québec
et au Canada démontre une accélération de l'infériorité
numérique du Québec.

---

1   Louis Duchesne, «Un problème trop simplifié», *Le Devoir,* 13 août
    1979, p. 4.

Évolution des taux de croissance de la population au Québec et au Canada [2]

Périodes	Québec	Canada
	Taux annuels moyens	
1957-1962	2,40	2,20
1962-1967	1,80	2,20
1967-1972	0,70	1,40
1972-1973	0,51	1,76
1973-1974	0,87	1,59
1974-1975	0,88	1,58

Ce phénomène est lourd de conséquences politiques, et rien dans le contexte culturel et économique ne nous permet de penser que cette tendance s'inversera. Puisque dans un régime démocratique, la distribution du pouvoir est fonction du nombre, il s'ensuit que la participation québécoise au pouvoir politique dans le cadre du fédéralisme actuel continuera à décroître et, en conséquence, le poids politique des francophones aura tendance à s'amenuiser. Ils ne seront plus indispensables à la formation des futurs gouvernements au Canada. La polarisation ethnique du vote et l'élection des conservateurs lors de la dernière élection fédérale sont révélatrices de cette minorisation qui nous vouera à l'impuissance politique. Il faut, à cet égard, relever le fait qu'avec le dernier réaménagement de la carte électorale, le Québec n'a obtenu qu'un siège de plus au Parlement fédéral alors que le reste du Canada en obtenait 17, de sorte que l'équilibre des forces se modifie au profit du Canada anglais et surtout de l'Ouest et de l'Ontario. Pour la première fois depuis la Confédération, les

---

2   P.A. Julien, P. Lamonde et D. Latouche, *Québec 2001*, Montréal, Boréal Express, 1976, p. 55.

provinces de l'Ouest (Prairies et Colombie-Britannique) ont une représentation parlementaire plus importante que celle du Québec. Il y a donc déplacement des pôles d'influence dans la vie politique canadienne. Le bourgeonnement des nouvelles forces politiques de l'Ouest modifie le traditionnel rapport de force, où le Québec et l'Ontario jouent le rôle de pivot. Cette implacable logique numérique conduit inéluctablement à une régression de la place des francophones dans les centres de décisions politiques, et tous les mécanismes de compensation qu'on pourrait imaginer ne pourront qu'accroître les tensions entre les deux nations, puisqu'elles renforceront le mécontentement du Canada anglais et en particulier de l'Ouest, qui compte en toute légitimité utiliser à son avantage ces nouveaux rapports de force. Il faut donc constater qu'il est désormais possible à un parti de gouverner sans le Québec, c'est-à-dire sans s'appuyer sur une coalition binationale. Le tableau suivant illustre cette érosion de l'importance relative des représentants du Québec au Parlement canadien.

Évolution de la représentation du Québec au Parlement fédéral comparée à celle du reste du Canada*

	Québec		Canada	
1840	(42)	50,0%	(42)	50,0%
1867	(65)	36,0%	(116)	64,0%
1901	(65)	30,5%	(148)	69,5%
1926	(65)	26,5%	(180)	73,5%
1950	(73)	27,8%	(189)	72,2%
1979	(75)	26,6%	(207)	73,4%
2000	—	20,0%		80,0%

*Source: Canadian Parliamentary Guide.

Cette minorisation politique du Québec peut être abordée d'un autre point de vue. Ainsi en 1867, le Québec était un des *quatre* États membres de la nouvelle fédération et un des partenaires les plus importants, ce qui lui permettait d'influencer les prises de décisions. Mais depuis, six provinces anglophones se sont jointes à la fédération, et le Québec n'a plus qu'une voix sur *onze*. Ce fait prend toute sa signification dans les conférences fédérales-provinciales qui ont acquis une importance croissante dans la définition des orientations socio-économiques du Canada. C'est à l'occasion de ces conférences, où le Québec n'a qu'une voix sur onze, que sont discutés le partage des ressources fiscales, l'élaboration des programmes conjoints, le partage des compétences et les problèmes constitutionnels. Ce handicap numérique nuira à long terme à la défense des intérêts du Québec, qui risque d'être isolé face aux tendances centralisatrices d'Ottawa, qui peut compter sur l'appui de la majorité sinon de la totalité des neuf autres provinces anglaises. Il deviendra donc de plus en plus difficile de faire prévaloir les intérêts spécifiques du Québec dans les organes décisionnels, et toute attitude de résistance des représentants du Québec apparaîtra comme de l'obstruction, ce qui aura pour effet d'aggraver les tensions et de renforcer l'autorité du pouvoir central.

Le processus de centralisation politique a été amorcé à l'occasion de la crise de 1929, et cette tendance s'est accrue au cours des dernières années pour contrer la crise structurelle du capitalisme. Depuis 1968, le gouvernement fédéral a accentué la centralisation des pouvoirs et des ressources, grugeant ainsi les champs de compétence réservés aux provinces. Ce phénomène constitue donc pour le Québec une autre raison de vouloir se retirer politiquement de la fédération.

L'évolution récente des relations fédérales-provinciales est bien résumée par Claude Morin qui relativise l'impression selon laquelle, durant la Révolution tranquille, le Québec aurait fait des gains importants :

En réalité la plupart des «gains» québécois, considérés comme
significatifs à l'époque, ont été réalisés non pas dans des
domaines jusque-là fédéraux, mais dans des secteurs provinciaux qu'avec le temps et à l'aide de son pouvoir de dépenser,
Ottawa avait fini par occuper ou qu'il s'apprêtait à contrôler.
Dans cette perspective, il s'est donc moins agi d'une «avance»
québécoise en terrain fédéral que de la suspension temporaire
et partielle, de 1964 à 1968 environ, d'un mouvement de centralisation vers Ottawa, des leviers gouvernementaux de commande. Toutefois, tous les «gains» québécois effectués pendant
cette courte période, et généralement à l'occasion de crises
fédérales-provinciales, ont été provisoires, sauf ceux qui corri-
geaient partiellement la répartition des ressources fiscales et
financières, et qui valaient d'ailleurs pour toutes les provinces.
Ces «gains» ne comportaient en effet aucune garantie de permanence. Par la suite, notamment à compter de 1970, Ottawa
a donc pu systématiquement tenter de les réduire en s'efforçant
de la sorte de confirmer des pouvoirs «fédéraux», qui avaient
été un moment mis en cause. Il résulte de tout cela que, depuis
une dizaine d'années, non seulement les «gains» québécois
n'ont pas valu au Québec d'accroissement substantiel de sa
force politique, mais les problèmes qui se posent entre Ottawa
et Québec demeurent plus nombreux que jamais [3].

Dans tous les domaines importants, les priorités
sont principalement définies par Ottawa et en fonction des
besoins de l'ensemble du Canada, ce qui ne concorde pas
toujours avec les besoins et les priorités que voudrait se
donner le Québec. Depuis 1960, tous les gouvernements
qui se sont succédé à Québec ont sans cesse souligné le
problème, et ils ont vainement tenté de faire reculer Ottawa
afin de mieux assumer les intérêts du Québec. Mais l'échec
est flagrant, et il serait naïf de penser qu'il pourrait en être
autrement dans l'avenir. Le fédéralisme canadien ne peut
être décentralisé, car cette structure politique répond aux
exigences et aux intérêts de la bourgeoisie continentale qui,
pour se maintenir, doit concentrer les centres de décisions,
afin de mieux contrôler l'allocation des ressources publiques. L'expansion du capitalisme exige de gigantesques

---

3   Claude Morin, *Le Pouvoir québécois en négociation,* Montréal, Boréal
     Express, 1972, p. 190.

investissements dans les infrastructures et dans les secteurs de pointe, où s'engouffrent de façon directe et indirecte une part importante des fonds publics. Ceci implique que, pour absorber ces coûts, il faut d'une part centraliser les appareils politiques afin de mieux les contrôler et, d'autre part, maintenir l'unité politique, afin d'éviter une baisse des ressources financières à la disposition de l'État et de la bourgeoisie financière. La centralisation politique correspond à la logique de développement du capitalisme dans la phase monopoliste.

De plus, la crise économique accentue cette tendance. Ainsi, depuis 1968, l'État fédéral a renforcé son contrôle sur les leviers de commande socio-économiques et a légitimé cette opération par l'idéologie de l'unité nationale. Cette tendance s'est traduite par la réduction de l'autonomie des provinces. Concrètement, le gouvernement fédéral est intervenu dans des champs de compétence, jusque-là réservés aux provinces, et a affirmé sa suprématie dans un plus grand nombre de champs de compétence partagée. Le Canada anglais n'a pas résisté à cette ingérence, parce qu'il avait intérêt à maximiser les effets des politiques publiques fédérales. Mais le Québec, à cause de sa spécificité nationale, ne pouvait souscrire à cette tendance et s'est retrouvé isolé à la conférence de Victoria (1971) pour défendre sa suprématie dans le domaine des affaires sociales que les autres provinces voulaient confier au fédéral. Le renforcement du pouvoir fédéral et la centralisation politique sont logiques et nécessaires pour l'opinion publique canadienne, mais vont à l'encontre des besoins et des aspirations des Québécois qui, dans le rapport de force actuel, sont impuissants à faire valoir leur point de vue.

Nous passerons maintenant en revue les principales actions centralisatrices du gouvernement fédéral, au détriment de l'autonomie interne déjà limitée du gouvernement du Québec. Cette centralisation croissante des pouvoirs en faveur du gouvernement fédéral a été réalisée et justifiée sur la base des principes suivants. La clause de l'intérêt général permet au Parlement fédéral de légiférer dans n'importe quel domaine, lorsqu'il estime que cela est à «l'avantage général du Canada». Il peut aussi empiéter sur les domaines théoriquement réservés aux provinces, si l'exercice efficace de ses propres compétences l'exige. Le principe de la prépondérance des lois fédérales lui accorde la préférence, lorsqu'il y a un conflit réel entre ses compétences et celles d'un État provincial. Le pouvoir résiduaire lui accorde les pleins pouvoirs dans toutes les matières qui n'ont pas été prévues de façon explicite en 1867. Autrement dit, alors que les pouvoirs des provinces sont bien délimités, ceux du fédéral sont indéfiniment extensibles. Le pouvoir de dépenser lui permet d'utiliser ses revenus comme il l'entend, au besoin en empiétant sur les domaines réservés aux provinces, ce qui lui donne une puissance politique pratiquement illimitée. Il peut décréter l'état d'urgence et assumer les pleins pouvoirs, s'il juge lui-même qu'il y a «danger réel ou appréhendé» de guerre ou d'insurrection, ce qui lui permet d'envahir n'importe quel domaine de compétence provinciale[4]. Enfin, le fait qu'il possède des ressources financières et des pouvoirs économiques plus importants que ceux des provinces facilite cet empiétement dans les champs de juridiction provinciale. Jusqu'à présent, cette tendance à la centralisation a été sanctionnée par les jugements de la Cour suprême du Canada qui, depuis 1949, est le tribunal de plus haute instance responsable de l'interprétation des litiges constitutionnels. Tous les juges qui la composent sont nommés par l'État central.

Ainsi durant et après la Seconde Guerre mondiale, le gouvernement fédéral mena une offensive continue pour accroître ses ressources financières et élargir sa zone d'intervention, ce qui lui permit d'imposer son leadership dans

---

4   Voir Jacques Brossard, *L'Accession à la souveraineté: le cas du Québec,* Montréal, Presses de l'Université de Montréal, 1976, pp. 219-220.

la vie économique, sociale et culturelle des provinces. La marge de manœuvre des gouvernements provinciaux se rétrécit, et les politiques provinciales sont de plus en plus subordonnées et conditionnées par les politiques fédérales. Afin de consacrer et d'accélérer la tendance à la centralisation, le gouvernement fédéral a même tenté de récupérer à son profit le processus de révision constitutionnelle amorcé par les exigences québécoises d'un nouveau partage des pouvoirs. À partir de 1968, le gouvernement fédéral, au nom de l'intérêt national, s'est défini comme un gouvernement d'ordre supérieur par rapport aux gouvernements provinciaux.

Parce qu'il était le seul capable de parler au nom de tous les Canadiens, il devait avoir le pouvoir d'imposer ses vues aux provinces, même dans les domaines de juridiction provinciale. L'objectif visé alors était d'accroître ses pouvoirs dans le domaine de la sécurité sociale, en effectuant des paiements de transfert aux individus, ce qui, au delà des objectifs de redistribution sociale, permettait de créer un sentiment de loyauté, d'attachement des citoyens aux institutions fédérales et devait favoriser le développement d'un nationalisme canadien pour contrer la montée du nationalisme québécois. Le processus de centralisation était aussi justifié par la nécessité de contrôler l'économie. Le gouvernement «national» devait accroître ses pouvoirs et ses revenus pour assurer la croissance économique du pays, maintenir l'emploi, lutter contre l'inflation, réduire les disparités régionales et garantir aux Canadiens qui se déplacent d'une province à l'autre des services équivalents (ex.: fonds de pension).

Les discussions sur le rapatriement de la constitution et la révision constitutionnelle aboutirent à un échec, parce qu'elles mettaient en présence deux conceptions du Canada de l'avenir: l'une, soutenue par les provinces anglophones et le gouvernement fédéral, insistant sur la nécessité d'un gouvernement central fort, qui aurait la pri-

mauté législative et financière; l'autre, défendue par les
représentants du Québec d'allégeances diverses, affirmait
le principe de l'égalité politique des deux peuples fondateurs et revendiquait un partage des pouvoirs en faveur des
provinces, ou au moins une plus grande autonomie législative et fiscale pour le Québec. L'échec des négociations
constitutionnelles démontrait le refus systématique de reconnaître la spécificité québécoise. Si ce dilemme n'a pu
être résolu sur le plan constitutionnel, il n'en demeure pas
moins qu'au niveau des faits, les thèses du Québec n'ont
pas progressé et que la croissance du pouvoir de l'État
central a continué, en raison du contrôle exclusif qu'il
exerce sur les politiques économiques et de son pouvoir
illimité de dépenser. Ottawa exerce aussi un pouvoir unila-
téral dans la définition des politiques fiscales et monétaires,
qu'il élabore sans consulter les provinces. Il en résulte que
les provinces voient leurs choix et leurs programmes sabo-
tés par ces politiques fiscales et monétaires, sur lesquelles
elles n'ont aucun contrôle.

À la suite des arrangements fiscaux de 1947 et de
1962, le gouvernement du Québec ne contrôle que 20% de
l'impôt sur les profits des compagnies, et il dispose de
façon inconditionnelle de moins de 20% de l'impôt total
sur le revenu des particuliers. Cette hégémonie fiscale de
l'État central a été bien illustrée en 1978, lorsque le ministre
fédéral des Finances a forcé une abolition partielle de la
taxe de vente provinciale en échange de subventions. Seul
le Québec a réagi en élaborant une politique d'abolition
totale mais sélective de la taxe de vente.

Un autre des instruments privilégiés, utilisés par le
fédéral pour contrôler les politiques provinciales, a été les
programmes dits conjoints. Ces programmes ne sont conjoints que dans leur application et non dans leur définition,
car ces programmes à frais partagés sont généralement
conçus sans consultation avec les provinces. Ils ne tiennent
pas compte des priorités des États provinciaux, ni de la

diversité des situations sociales d'une province à l'autre. Ces programmes constituent des intrusions du fédéral dans des domaines de juridiction provinciale. Le Québec a réclamé avec insistance le retrait du gouvernement fédéral de ces domaines, car ces programmes et les subventions conditionnelles empêchent les provinces d'utiliser leurs propres revenus comme elles l'entendent. Ces programmes occasionnent aussi un double emploi et des frais très élevés. Jean Lesage déclarait à ce propos en 1964:

> Ces subventions deviennent ainsi une contrainte qui, à toutes fins utiles, place les provinces dans un état de subordination vis-à-vis le gouvernement central. En effet, si certaines d'entre elles, à cause de leur position constitutionnelle, ne veulent pas se soumettre aux conditions fixées par le gouvernement central, elles sont gravement pénalisées puisqu'elles se voient privées de sommes auxquelles leurs citoyens ont pourtant contribué[5].

Le Québec à cette époque exigeait la possibilité de se retirer de ces programmes et l'obtention d'une compensation financière en points d'impôt sur le revenu des particuliers. Le Québec par contre devait s'engager en échange à maintenir des programmes équivalant à ceux dont il se retirait et à se soumettre à la vérification des fonctionnaires fédéraux. Les divers gouvernements du Québec ont toujours critiqué les programmes conjoints, parce qu'ils faussent les priorités provinciales, rendent impossible la planification au niveau des provinces et contredisent l'esprit du fédéralisme, en centralisant et en uniformisant les choix d'investissement public et de développement social. Pour sa part, le Québec désire contrôler l'ensemble des politiques sociales, parce que celles-ci sont déterminantes de la qualité de vie des citoyens et de la définition même de la société québécoise; mais l'État fédéral est un obstacle à la réalisation de ces objectifs, car il peut imposer sa propre définition des besoins et des priorités en fonction d'objectifs dits «nationaux», mais qui répondent principalement

---

5   Voir J.-L. Roy, *Le Choix d'un pays,* Montréal, Leméac, 1979, p. 34.

aux exigences de développement du Canada anglais et qui nient l'existence au Québec d'une société distincte.

Les interventions du fédéral dans le domaine social n'ont cessé de se multiplier depuis le début du XXe siècle. Les principales furent en 1927 l'adoption d'une loi sur les pensions de vieillesse, en 1937 l'établissement d'un seul régime pancanadien d'assurance-chômage, en 1944 la mise sur pied d'une façon unilatérale d'un régime d'allocations familiales mensuelles, en 1944 la création du ministère fédéral de la Santé et du Bien-être, en 1957, l'adoption de la loi fédérale de l'assurance-hospitalisation qui aboutira à l'établissement d'un plan national d'assurance-santé, en 1963 la création d'un régime universel et obligatoire de retraite. Ces différents programmes axés sur les paiements de transfert aux individus concordaient avec les exigences d'expansion du capitalisme, car ils permettaient d'éviter la surproduction et maintenaient le taux de croissance. Au niveau des structures politiques, ils forçaient les États provinciaux à être de simples courroies de transmission de l'État central, qui monopolisait le pouvoir de décision. Dans cette nouvelle division du travail politique, les provinces étaient réduites aux fonctions de gérance locale. Il y avait donc déplacement et centralisation de l'autorité politique. Comme nous le verrons par la suite, l'évolution du fédéralisme canadien dans la phase monopoliste du capitalisme tend à réduire le contrôle des Québécois sur les voies et les moyens de développement de leur société, et accentue les rapports de dépendance tant sur le plan économique que politique. Même en obtenant une option de retrait en 1964, le Québec n'a pas réussi à obtenir de nouveaux pouvoirs et n'a pas réussi à restreindre ceux du gouvernement fédéral, car les abattements fiscaux ainsi obtenus sont conditionnels et soumis à des règlements du fédéral.

L'État fédéral en vertu de son pouvoir de dépenser a aussi multiplié ses interventions dans les domaines de l'éducation et de la culture qui, selon la constitution, sont des compétences exclusives des provinces. Les premières tentatives significatives à cet égard furent le financement de l'enseignement agricole en 1913, celui de l'enseignement technique en 1919, la loi de l'enseignement professionnel en 1931, la formation de la Commission canadienne de la radiodiffusion en 1932 et la création de l'Office national du film en 1939. Cette tendance fut renforcée par le rapport de la Commission Massey en 1951, dont le mandat était de définir les responsabilités du fédéral dans le domaine des arts, des lettres et des sciences. Se fondant sur une distinction formelle entre l'éducation académique (du ressort provincial) et l'éducation générale, extra-scolaire, elle cautionne le pouvoir du fédéral de s'occuper du bien commun culturel. Elle recommande une aide financière fédérale aux universités, la création de bourses d'études pour les étudiants et les chercheurs, et la création d'un conseil pour développer les arts, les lettres, les humanités et les sciences sociales. La Commission suggère aussi au gouvernement fédéral d'accroître son soutien aux groupes et aux individus engagés dans différentes formes d'activités culturelles. En 1957, le Conseil des arts est créé avec un budget annuel de $50 millions et un autre fonds de $50 millions pour aider les universités. En 1963, le secrétariat d'État regroupe tous les services fédéraux impliqués dans les affaires culturelles, et devient ainsi un véritable ministère de la Culture. Au fil des années, il créera une série de programmes temporaires comme Canada au travail, Initiatives locales, Horizons nouveaux, ainsi que des programmes de promotion du multiculturalisme. En 1966, le gouvernement fédéral crée le Conseil des sciences du Canada et institue, en 1971, le ministère d'État aux Sciences et à la Technologie. Au niveau des activités éducatives, les dépenses fédérales se sont élevées, en 1975-76, à $2,7 milliards.

Le fédéral a aussi pris le contrôle du domaine de la radiodiffusion et des communications qui était un secteur non prévu par la constitution, mais qui a de grandes incidences sur la vie culturelle. Ainsi, la Société Radio-Canada est créée en 1936. Le pouvoir du fédéral dans ce domaine sera encore augmenté par la création du C.R.T.C. qui est l'organisme chargé de réglementer toutes les entreprises œuvrant dans ce domaine, qui est appelé à connaître une forte expansion dans les années à venir et dont l'influence sur les modes de vie et de pensée des citoyens est considérable. Le contrôle du fédéral sur ce secteur d'activités sera complété en 1969 avec la création du ministère fédéral des Communications. Plus récemment, on a assisté à ce que certains ont qualifié de guerre des communications entre Québec et Ottawa, au sujet de la câblodistribution. Ottawa tient farouchement à garder le contrôle sur le domaine des communications qui sont indispensables à tout pouvoir qui veut exercer l'hégémonie. On comprend aussi pourquoi la volonté du Québec a été inflexible, car à long terme l'emprise du fédéral risque d'éliminer toute autonomie culturelle.

Il y eut aussi des empiétements du fédéral au chapitre de la vie municipale, du transport et de l'aménagement du territoire. A titre d'illustration, nous ne retiendrons que quelques exemples, car l'énumération systématique des actions centralisatrices du fédéral serait fastidieuse. Comme outil d'intervention, Ottawa met sur pied, en 1945, la Société centrale d'hypothèques et de logement, qui multiplie les interventions auprès des individus, des municipalités et des gouvernements provinciaux, que ce soit pour la construction de logement, l'aménagement de terrain ou la construction d'équipements collectifs. Ces différentes interventions sont déterminantes sur le type de milieu de vie des Québécois et ont une grande influence sur les affaires municipales, qui sont, ne l'oublions pas, de juridiction provinciale exclusive. Selon la logique centralisatrice, Ottawa crée, en 1971, un ministère des Affaires urbaines, afin d'influencer le processus d'urbanisation au Canada. Enfin, depuis la Seconde Guerre mondiale, le gouvernement fédéral finance la construction de ports, de voies ferrées, de routes, d'aéroport comme Mirabel, ce qui modifie le milieu physique québécois, les axes de développement économique et la configuration urbaine, qui est de responsabilité provinciale.

Le gouvernement fédéral a aussi cherché à établir son emprise sur les ressources naturelles, qui sont de juridiction provinciale. En 1949, le Parlement fédéral adopte une loi sur la foresterie, qui confère au gouvernement central l'autorité de conclure des accords avec les provinces pour la conservation et le développement des ressources forestières. Ottawa impose aussi son autorité dans l'agriculture. Et plus récemment, en 1967, la Cour suprême a reconnu au gouvernement central une compétence législative et des droits de propriété sur les gisements minéraux et les ressources naturelles du sous-sol marin.

Tous ces empiétements sur les pouvoirs des provinces, en plus d'entraîner des chevauchements, des dédoublements administratifs, des coûts supplémentaires, ont surtout pour effet d'inférioriser et de subordonner les gouvernements provinciaux vis-à-vis du gouvernement central. Depuis quarante ans, le nombre de secteurs d'action gouvernementale touchés par des chevauchements de programmes fédéraux et québécois a plus que doublé, passant de 15 à 34. Cette tendance qui s'accentue entraîne la dégénérescence du pouvoir politique québécois, et empêche le gouvernement du Québec d'adopter des politiques adéquates à nos intérêts et à nos besoins spécifiques.

Les effets débilitants de cette dépendance sont accentués par les pouvoirs économiques de l'État central. Les Québécois, dans le cadre du fédéralisme centralisé, ne peuvent déterminer les objectifs de la politique économique. Celle-ci est établie en fonction d'abord des intérêts de la bourgeoisie canadienne et de l'ensemble du Canada, ce qui veut dire qu'elle reflète principalement les exigences de la majorité anglophone de l'Ontario et de l'Ouest, où se concentrent la majorité de la population et les principaux centres industriels. Comme collectivité, les Québécois sont impuissants à orienter les politiques commerciales, douanières et tarifaires. Ils ne peuvent choisir les secteurs qui doivent être développés par l'action économique de l'État. Ils doivent subir des décisions et des priorités définies par les autres. Comment dans ce contexte planifier le développement économique, comment peut-on corriger les déséquilibres structurels de l'économie québécoise, comment peut-on agir pour résorber le chômage, lorsqu'on ne maîtrise pas les leviers de la politique économique, lorsqu'on n'a pas ou peu d'influence sur la politique monétaire, sur la circulation des capitaux et la main-d'œuvre? Dans les économies capitalistes avancées, l'État est devenu le principal agent de régulation économique car, en plus d'absorber les surplus, il assure une part croissante des investissements économiques. Son rôle est de plus en plus prépondérant. Au Canada, c'est le gouvernement central qui détient les principaux instruments qui permettent d'articuler une stratégie de développement économique. C'est par la manipulation des dépenses publiques, de la taxation et de la masse monétaire que l'État a joué son rôle de régulation, d'incitation et de coordination. Mais dans ses interventions, l'État n'est pas neutre, il favorise les groupes sociaux et les régions qui comptent le plus politiquement, et il est pratiquement impossible à un groupe dominé et minoritaire de mobiliser les ressources publiques en sa faveur, parce que le contrôle des appareils de l'État lui échappe.

Ainsi, l'Ontario, depuis les débuts de la fédération canadienne, à cause de son poids politique, a beaucoup plus bénéficié de la politique commerciale fédérale que le Québec qui, à certains égards et dans certaines conjonctures, jouissait d'avantages comparés qui n'ont pas entraîné de décisions économiques concordantes. En fait, les décisions prises à Ottawa depuis la National Policy de 1879 ont toujours visé la maximisation de la croissance nationale, ce qui a provoqué un processus cumulatif de croissance centré sur l'Ontario et, par ricochet, des répercussions négatives sur l'économie d'autres régions. Malgré tous les palliatifs conjoncturels mis en place par Ottawa, les disparités régionales n'ont cessé de s'accroître au Canada, et les centres d'activité industrielle ont continué de s'éloigner du Québec. Dans le fédéralisme actuel, l'État québécois est dépourvu des moyens politiques et financiers pour restructurer sa propre économie, contrer les tendances à la concentration des activités économiques en Ontario et dans l'Ouest, et faire primer ses objectifs de développement.

Ainsi le contrôle de la politique tarifaire est indispensable pour établir une stratégie de développement industriel, car il détermine la localisation des entreprises et des industries. Au Canada, c'est l'industrie ontarienne qui a été privilégiée par une meilleure protection tarifaire. En 1970, l'Ontario pouvait compter sur 68% des industries les plus hautement protégées au Canada, par rapport à 24% pour le Québec.

> En privilégiant l'Ontario dans ses plans d'intégration aux États-Unis, le gouvernement fédéral a donc réduit le taux relatif de protection des industries québécoises et favorisé une entrée nette de capitaux dans le sud de l'Ontario. Il est facile à ce point-ci de démontrer que le type de protection accordé à l'Ontario ainsi que la politique canadienne d'immigration allaient permettre à cette province d'augmenter au maximum sa production et de drainer une masse considérable de capitaux à la suite de la hausse de son taux relatif de protection[6].

Dans un système politique fortement centralisé comme celui du Canada, la région économiquement en avance jouit d'un poids politique considérable qui ne cesse de s'accroître, ce qui lui permet d'influencer à son avantage les prises de décisions. L'exploitation des avantages comparatifs du Québec et le redressement des faiblesses structurelles de l'économie québécoise ne pourront se faire que

---

6   R. Dauphin, «La souveraineté du Québec et la politique commerciale du Canada», dans *Économie et indépendance,* Montréal, Quinze, 1977, p. 144.

si le Québec peut avoir accès au contrôle des instruments de la politique économique.

Dans la perspective de l'économie mondiale et de la division internationale du travail, le Québec ne pourra faire valoir ses intérêts que s'il peut participer directement à la négociation des termes des échanges et des ententes économiques internationales. Pour ce faire, la souveraineté politique est indispensable. Il ne s'agit pas seulement d'une question de survie culturelle, il s'agit aussi de se donner les moyens pour assurer le développement économique, et ceux-ci passent par la maîtrise des leviers de commande politiques. Ces objectifs ne peuvent être accomplis à l'intérieur du système politique actuel, puisque le rapport de force tant démographique, politique qu'économique défavorise de plus en plus le Québec. De plus, les Canadiens estiment que non seulement le pouvoir fédéral doit maintenir les positions qu'il a acquises, mais que le processus de centralisation doit se poursuivre. Dès lors, l'avenir du Québec dans le fédéralisme canadien est enfermé dans le dilemme suivant: ou bien pour favoriser l'unité nationale, le Québec abdique ses revendications autonomistes et accepte d'avoir un gouvernement comme les autres, ce qui signifie à long terme la disparition du peuple québécois et la folklorisation de la culture et de la langue; ou bien il continue à réclamer un statut particulier partiel et perpétue ainsi la crise politique canadienne, en exaspérant le reste du Canada et en entravant la mise en place de structures politiques centralisées plus conformes aux demandes du Canada. Tant que la question nationale ne sera pas résolue d'une façon satisfaisante pour le Québec, le système politique canadien connaîtra des tensions, des conflits, des gaspillages d'énergie et de ressources, qui nuiront aux intérêts respectifs du Québec et du Canada et empêcheront une coopération d'égal à égal plus positive et mutuellement profitable.

Dans les sociétés modernes, il est devenu impossible

de séparer les divers champs de l'activité sociale. L'économique, le social, le culturel et le politique sont en interactions mutuelles, et l'État est le lieu où s'effectue la coordination. Ainsi, pour légiférer efficacement en matière d'éducation et de culture, le Québec doit pouvoir légiférer en matière de radiodiffusion et de télécommunications; pour légiférer efficacement dans les domaines du travail et de la sécurité sociale, il doit avoir des pouvoirs exclusifs dans le domaine de l'immigration et être capable d'orienter les politiques économiques; de même pour développer ses richesses naturelles et les industries de transformation, le Québec doit pouvoir légiférer en matière de commerce international, afin que ses priorités se reflètent dans la politique douanière et tarifaire. Ainsi le contrôle du pouvoir politique est indispensable à une société qui veut assurer son développement.

Dans la mesure où les Québécois veulent avoir la maîtrise de leurs propres affaires, le régime fédéral est non seulement un obstacle à la réalisation de cet objectif, mais, par sa dynamique interne, il contribue à accroître de façon inéluctable la dépendance du Québec envers des pouvoirs politique, économique et culturel extérieurs, et sur lesquels les Québécois, en tant que collectivité, ne peuvent exercer d'influence déterminante étant réduits dans les meilleurs des cas à une influence artificielle et éphémère. Seuls des changements dans la structure politique canadienne, institutionnalisant la réalité de l'existence de deux peuples, pourront mettre fin à cet état de dépendance et de subordination politique qui affecte le peuple québécois, afin qu'il accède pour la première fois de son histoire à la liberté et à la responsabilité de son avenir.

CHAPITRE IV

Le contenu de la souveraineté-association

L'idée de souveraineté appliquée au peuple et à l'État est assez récente dans l'histoire des peuples. Auparavant, ce concept servait à désigner la personne qui détenait l'autorité suprême sur une territoire. Cette autorité reposait en général sur le pouvoir des armes. Ainsi, le souverain était un individu: le roi qui exerçait le pouvoir sur les sujets qui vivaient sur ses domaines. Ce pouvoir était le plus souvent absolu, il ne souffrait pas de limites à l'intérieur du royaume.

Mais avec la croissance du pouvoir économique de la bourgeoisie, la conception monarchique de la souveraineté fut contestée. Voulant contrer l'arbitraire et les limites imposées à leurs activités par le pouvoir monarchique, les bourgeois réclamèrent le droit de choisir ceux qui auraient l'autorité de prendre les décisions pour la collectivité. Le pouvoir devait être fondé sur la volonté de ceux qui contribuaient à la richesse de la nation. Le pouvoir, au lieu d'être héréditaire et fondé sur la légitimité religieuse, devait être fondé sur l'élection et les principes démocratiques. En Angleterre, la Révolution puritaine met en évidence l'idée d'une nation anglaise distincte de son roi. En France, les philosophes imaginent contre le roi absolu la construction intellectuelle du Peuple-Nation titulaire de la souveraineté étatique. Avec la Révolution française, ce n'était plus le roi qui était souverain, mais le peuple qui devait gouverner par *l'intermédiaire de ses représentants élus.* Le «vive la nation!» remplace le «vive le roi!», la volonté générale plus ou moins déformée selon les modes de représentation se substitue à la volonté royale. La démocratie politique devient le fondement de la souveraineté du peuple, et la nation devient l'objet du loyalisme politique qui était auparavant réservé à la dynastie légitime. La souveraineté est donc l'enjeu d'un déplacement de légitimité et implique que le peuple peut disposer de lui-même, qu'il est théoriquement le maître de ceux qui décident en son nom. La souveraineté du peuple se rapporte à la structure de l'autorité, elle assure au peuple le libre choix de ses gouvernants. En ce sens, souveraineté et démocratie sont indissociables dans l'acceptation moderne de ce terme et, comme le disait Jean-Jacques Rousseau dans le *Contrat social,* «la souveraineté ne peut se déléguer sans s'aliéner». Elle ne peut résider dans un pouvoir extérieur à soi tant sur les plans individuel que collectif. Si le peuple est souverain dans la vie politique de la nation, celle-ci par extension est aussi souveraine par rapport aux autres peuples-nations qui l'environnent, c'est-à-dire qu'une autorité politique extérieure à la nation ne peut s'ingérer dans les affaires de celle-ci et lui dicter la conduite à suivre. La souveraineté, le pouvoir de décider ce qui est bon pour nous, s'applique aussi aux relations entre États-nations. Si tous les hommes sont également capables de s'autodéterminer, dès lors toutes les nations ont aussi le droit à l'autodétermination. Refuser de reconnaître ce droit suppose une conception inégalitaire des rapports entre les peuples et une justification de la domination de certains peuples sur les autres, domination qui ne peut reposer que sur l'emploi de la force. Cette conception est à la base du colonialisme et de l'impérialisme et va à l'encontre des principes de l'Assemblée générale des Nations unies, qui reconnaît le principe de l'égalité de droit des peuples à disposer d'eux-mêmes: «Tous les peuples ont le droit de déterminer leur statut politique, en toute liberté et sans ingérence extérieure, et de poursuivre leur développement économique, social et culturel, et tout État a le devoir de respecter ce droit conformément aux dispositions de la Charte[1].»

---

1   Cité par Jacques Brossard, *L'Accession à la souveraineté et le cas du Québec,* Montréal, Les Presses de l'Université de Montréal, 1976, p. 81.

Depuis deux siècles, le désir d'indépendance sous-tend les espoirs et les actions de tous les peuples. Aucune nation n'accepte comme naturelles la tutelle et la sujétion à un autre peuple. Tous les peuples aspirent à être maîtres de leur destinée. L'indépendance est une aspiration universelle. La première révolution nationale conduisant à l'accession à l'indépendance fut celle réalisée par les États-Unis (1775-1783). Par la suite, en Amérique et en Europe, d'autres peuples se fondant sur le principe des nationalités imitèrent les États-Unis: Haïti (1804), le Mexique (1810-1820), l'Argentine (1810-1820), la Grèce (1829), la Belgique (1830). L'Allemagne et l'Italie se constituèrent en États-nations entre 1859 et 1871, en regroupant leurs populations nationales respectives. Ainsi, au cours du XIXe siècle, les empires européens s'effritèrent progressivement à cause de la volonté des peuples qui y vivaient d'accéder à la souveraineté. Tels furent les cas de la Serbie (1878), de la Norvège (1905), de la Finlande (1917), de la Hongrie (1918), de la Tchécoslovaquie (1918), de l'Eire (1921). Puis, à la fin de la Seconde Guerre mondiale, les empires anglais et français en Afrique et en Asie s'écroulèrent à leur tour, devant la montée des mouvements de décolonisation qui créèrent de nouveaux États souverains. Ainsi, aujourd'hui, 146 États sont représentés à l'Organisation des Nations unies.

Les conditions requises pour l'exercice du droit à la souveraineté politique, selon les principes de l'O.N.U., sont résumées ainsi par Jacques Brossard:

1° il doit s'agir d'un«peuple»distinct au sens de la Charte des Nations unies;

2° ce peuple doit avoir une certaine dimension politique et doit disposer d'un territoire et de structures propres, afin de pouvoir se constituer en État;

3° le futur État doit être viable;

4° il doit accepter de se conformer aux principes de la Charte des Nations unies et du droit international;

5° la décision prise doit correspondre à la volonté du peuple concerné[2].

---

2   *Ibid.*, p. 191.

Si on applique ces critères du droit international à la situation du Québec, on se rend compte que non seulement le Québec est apte à accéder à l'indépendance, mais encore qu'il dispose de ressources matérielles et humaines considérables, comparativement aux pays qui ont obtenu leur souveraineté politique depuis trente ans.

La première condition implique que le groupe concerné doit constituer un peuple. Nul ne peut contester la validité de ce critère pour le peuple québécois qui regroupe 82% des Canadiens d'origine française, cette population disposant d'un territoire délimité et possédant des valeurs socio-culturelles et une histoire communes. En deuxième lieu, le Québec possède tous les éléments de l'État, c'est-à-dire une population stable, un territoire déterminé et un gouvernement structuré capable d'exercer un certain nombre de compétences exclusives. Il ne lui manque que la souveraineté globale.

La viabilité d'un éventuel État québécois souverain, comparativement à d'autres États déjà indépendants, est incontestable. En effet, par la superficie de son territoire, le Québec serait un des plus vastes États du monde, en l'occurrence il serait trois fois plus grand que l'Italie et six fois plus grand que la Grande-Bretagne. Quant à sa population avec près de six millions d'habitants, il se classerait au 55e rang avec la Suisse, la Finlande, le Danemark, la Norvège, l'Islande, etc. Au plan des richesses naturelles, le Québec est un des États les plus richement dotés du monde. Il dispose de matières premières en abondance et d'une main-d'œuvre nombreuse et qualifiée. De même, son niveau d'industrialisation est très avancé. Avec un budget annuel de plus de treize milliards de dollars et un produit intérieur brut de 56 milliards de dollars (1978), cela le situe parmi les pays les mieux pourvus du monde.

Quant à la quatrième condition, elle ne pose aucun problème puisque les autorités politiques québécoises ont manifesté à plusieurs reprises leur intention de respecter les règles du droit international, de se conformer à la Charte des Nations unies et de participer aux diverses instances des organisations internationales. La cinquième condition va de soi dans la mesure où le P.Q. lie l'accession à la souveraineté à l'obtention d'une majorité absolue de oui à l'occasion d'un référendum. Aucun peuple n'a refusé dans le passé d'accéder à la souveraineté, et les Québécois constituent probablement le peuple le mieux préparé à assumer son indépendance politique.

Le référendum portera sur le fait de confier ou non au gouvernement du Québec le mandat de négocier pour le Québec un régime de souveraineté-association. Il faut donc maintenant examiner ce que ces deux notions impliquent telles qu'elles sont définies dans le projet du Parti québécois. Pour ce faire, nous nous appuierons sur les textes du P.Q. et sur les déclarations de ses dirigeants.

Personne ne peut aujourd'hui soutenir de façon crédible un projet d'indépendance absolue, car cela impliquerait un régime autarcique et, à moins de vouloir régresser au moyen âge, une telle perspective n'est pas souhaitable: l'indépendance totale est donc un mythe. Même les nations les plus puissantes ne peuvent s'isoler économiquement, culturellement et politiquement de la communauté internationale, puisque leur puissance dépend précisément de leurs relations imposées ou négociées avec les autres pays. Mais, entre l'asservissement du colonialisme et l'indépendance totale, il y a des degrés et des marges de manœuvre d'une importance capitale pour l'existence d'un peuple, car plus il y a d'interdépendance entre les pays, plus il devient indispensable à un peuple d'être maître des moyens par lesquels il peut intervenir dans l'établissement de cette interdépendance. Entre l'interdépendance et l'intégration, il y a un fossé où pourrait disparaître un peuple qui ne contrôlerait pas ses propres instruments collectifs. La souveraineté-association répond à une exigence dialectique de consolidation interne de la société québécoise et de son ouverture sur l'extérieur. La souveraineté est donc indissociable de l'association du Québec avec le partenaire canadien, sur une base d'égalité et sans contrainte ou suprématie d'un organisme supranational.

La souveraineté implique la possibilité pour une collectivité de choisir ses priorités, de choisir l'orientation qu'elle veut donner à son développement, de choisir le type de société dans laquelle elle veut vivre. Un peuple est libre quand il a la liberté de choisir l'emploi qu'il veut faire de ses ressources, et une des conditions de cette liberté, c'est de posséder un État souverain. À cette condition, les regroupements avec d'autres États pour des questions et des intérêts spécifiques ne posent pas de problème, puisqu'ils sont librement consentis et révocables. Collaborer sur un pied d'égalité avec ceux qui ont des intérêts compatibles avec les nôtres est dès lors mutuellement avantageux pour les parties en cause et nullement débilitant pour l'une d'entre elles, comme c'est le cas lorsque les regroupements ou les politiques communes sont imposées par une autorité supranationale. Il y a donc souveraineté lorsqu'un État régit son organisation constitutionnelle interne, lorsque son autorité est suprême, c'est-à-dire qu'elle n'est pas soumise à l'autorité d'un autre État.

La souveraineté politique donne donc à une communauté nationale tous les pouvoirs, toutes les compétences. Cette communauté peut alors établir son devenir à partir de ses propres projets de société, à partir des organisations politiques qui y prennent le pouvoir. Elle devient pleinement responsable de son avenir et ne peut plus imputer aux autres ses difficultés puisque, désormais, cette société a en main la direction de ses affaires. La souveraineté permettra d'établir un minimum d'équilibre politique entre le Québec et le Canada, et ce nouvel équilibre compensant les effets de la minorisation politique et démographique permettra à son tour un meilleur équilibre économique, social et culturel entre les deux nations qui forment l'actuel Canada. Avec la souveraineté, il sera possible de pratiquer des politiques socio-économiques mieux intégrées, plus efficaces, plus facilement planifiables alors que, dans le fédéralisme, il y a deux systèmes administratifs inégalitaires qui se contredisent, se neutralisent et souvent font double emploi. Le fédéralisme canadien, avec son partage des compétences, est un obstacle au développement rationnel des deux communautés nationales et entraîne un gaspillage de ressources, en raison de la superposition d'administrations qu'il implique. Voici comment la C.S.N., la F.T.Q. et l'U.C.C. percevaient la situation dans leur mémoire conjoint au Comité québécois de la constitution:

> Le fait que certains instruments d'action sur la vie économique appartiennent au fédéral, tandis que d'autres pouvoirs, dont l'exercice influe sur l'économie, appartiennent aux provinces, crée un problème difficile pour l'orientation rationnelle de l'activité économique en général. Dans l'optique d'une socialisation plus poussée que celle que nous connaissons aujourd'hui, cette situation de même que la possibilité pour un gouvernement de contrecarrer l'action de l'autre peuvent engendrer des conflits et sont en tout cas de nature à entretenir, à ces deux niveaux de gouvernement, le pli d'une impuissance à s'attaquer résolument et efficacement aux problèmes économiques du pays. Il faudra cependant veiller à éviter une duplication des institutions, si elles entraînent des coûts s'ajoutant les uns aux autres. Cette situation mérite d'autant plus de retenir l'attention que déjà en agriculture, par exemple, des législations ou réglementations aux deux niveaux de gouvernement, et surtout leur mise en application, à cause de leur chevauchement, de leur dédoublement, de leur superposition ou de leur manque de coordination, occasionnent de nombreuses et graves difficultés et sont souvent fort préjudiciables aux citoyens concernés, particulièrement ceux du Québec, vu notre retard en nombre de domaines[3].

Ainsi, la souveraineté permettra de mettre fin à cette anarchie administrative et d'atteindre une plus grande coordination qui ne se fasse pas au détriment du Québec,

---

3   Cité dans *Option Québec*, Montréal, Éditions de l'Homme, 1968, p. 32.

comme c'est le cas dans une relation de majorité à minorité.

La souveraineté implique que le Québec aura le
droit exclusif de légiférer en toute matière et sera responsable de ses décisions. Il appartiendra aux Québécois
de définir leurs priorités et de choisir les moyens de les
réaliser, ces moyens incluant la conclusion d'accords économiques avec le reste du Canada. La souveraineté signifie
avant tout qu'une collectivité possède tous les pouvoirs
pour s'autogouverner, pour diriger elle-même son avenir,
pour organiser à sa guise sa vie économique, sociale et
culturelle. La souveraineté, c'est la possession d'un État
normal qu'un peuple utilise pour être maître chez lui. Il
s'agit donc pour les Québécois de rapatrier la portion de
leurs instruments collectifs de décision, qui sont actuellement entre les mains d'un Parlement et d'un gouvernement
contrôlés majoritairement par une autre nationalité. Le
Québec sera souverain et égal aux autres pays, quand son
Assemblée nationale sera le seul Parlement qui puisse légiférer sur son territoire. L'accession à la souveraineté implique que le Québec ne sera plus soumis à des décisions
prises par d'autres. Elle favorisera d'ailleurs une meilleure
entente avec le Canada, parce qu'elle permettra à chaque
entité politique de déterminer ce qui est bon pour elle et,
s'il y a lieu, de s'entendre sur les questions d'intérêt
commun. Le Canada et le Québec seront ainsi plus libres
d'affirmer leurs personnalités et leurs aspirations propres
sans se nuire mutuellement, comme c'est le cas dans le
fédéralisme actuel. Cette distinction territoriale des zones
de juridiction assainira les relations entre les deux États
et créera une base pour une coopération plus fructueuse
et plus positive.

Au pouvoir exclusif de légiférer s'ajoutera, avec la
souveraineté, le pouvoir exclusif de lever des impôts par
tous les modes de perception, ce qui donnera au Québec
les moyens de réaliser efficacement ses politiques. Le pou-

voir de taxation implique le contrôle des ressources publiques et la possibilité de les investir pour pallier les lacunes spécifiques de notre vie économique et sociale. Ainsi, le Québec reprendra l'entière disposition de ses ressources fiscales. La fin de la concurrence entre l'État fédéral et le Québec dans le domaine fiscal permettra non seulement de récupérer d'Ottawa des argents, qui seront utilisés par l'État du Québec pour subvenir à nos besoins prioritaires, mais évitera aussi le gaspillage, résultant du chevauchement des programmes fédéraux et provinciaux et du dédoublement des ministères et services publics. Des économies substantielles pourront être réalisées sur un grand nombre de postes de dépenses comme l'Agriculture, les Pêcheries, Énergie et mines, Affaires indiennes, Parcs nationaux, Forêts, Revenu, Justice, Main-d'œuvre, Travail, Santé et Bien-être, Industrie, G.R.C.[4], etc. Il en résultera une gestion plus rationnelle des ressources publiques. Avec la souveraineté, les Québécois n'auront d'autres taxes à payer que celles qu'ils auront eux-mêmes décidé de s'imposer. Les leviers de commande politiques et les principaux moyens financiers de la collectivité seront ainsi regroupés au même endroit, en un seul centre de décisions que nous pourrons contrôler et orienter nous-mêmes. Ce sont là des outils indispensables au développement du Québec.

En plus de ces deux pouvoirs essentiels à tout gouvernement responsable, la souveraineté signifie aussi le droit exclusif pour le Québec de dépenser. Ainsi, non seulement la capacité d'intervention de l'État québécois sera-t-elle accrue en raison de la réappropriation des champs fiscaux du fédéral, mais le pouvoir de dépenser permettra une meilleure coordination et planification de l'utilisation des fonds publics. Il n'y aura plus de raison pour ne pas avoir une stratégie cohérente de développement puisque, par son pouvoir de dépenser, l'État québé-

---

4   Sur 36 secteurs d'activité gouvernementale, deux seulement ne sont pas l'objet de chevauchements.

cois pourra stimuler et orienter l'activité économique dans le sens des intérêts du Québec.

Enfin, la souveraineté permettra au Québec de récupérer un certain nombre de pouvoirs comme le droit exclusif d'administrer la justice, en toute matière, le droit exclusif de veiller à la protection des personnes et des biens, le droit exclusif de créer et de régir par législation toute institution jugée d'intérêt public, le droit exclusif d'engager la collectivité dans toute entente extérieure bilatérale ou multilatérale. En somme, la souveraineté politique signifie concrètement que les Québécois n'éliront qu'un seul gouvernement, et que lui seul sera habilité à les représenter et à parler en leur nom. Tout les autres intervenants, au niveau des instances intergouvernementales Québec-Canada, seront délégués par le gouvernement du Québec et seront responsables de leurs actions devant lui. Ainsi, il n'y aura qu'un seul niveau d'autorité et de légitimité contrôlé par les Québécois. Au lieu de subir le développement de l'inégalité comme c'est le cas dans le fédéralisme, qui permet au plus puissant d'accumuler plus de pouvoirs, la souveraineté, parce qu'elle est un facteur de démocratie, permettra d'établir plus d'égalité entre deux majorités souveraines. L'enjeu fondamental de la souveraineté-association pour le Québec est la maîtrise de son propre gouvernement.

Rien n'est plus précieux pour un peuple que la souveraineté, et il n'y a pas de raison pour que ce qui est bon pour les autres ne le soit pas pour les Québécois. La souveraineté est une étape normale dans l'évolution d'un peuple qui veut vivre. C'est par elle qu'une nation peut participer aux affaires du monde et être reconnue par la communauté internationale. Le contraire de la souveraineté, c'est la dépendance et la subordination politique, et c'est ce que nous avons connu jusqu'à présent. Cette situation peut profiter à quelques-uns, mais elle est néfaste pour la collectivité dépendante et dominée. La souveraineté est indispensable à une collectivité qui veut prendre son avenir en main et assurer d'une façon responsable son développement. Elle n'est pas un remède miracle à tous nos problèmes mais elle crée les conditions propices qui rendent possible une action responsable et rationnelle. Les avantages immédiats de la souveraineté seront l'existence d'un seul régime fiscal, l'élimination des chevauchements de juridiction, la réduction des coûts de l'administration publique et une influence plus directe des citoyens sur les actions gouvernementales. En définitive, la souveraineté politique est la condition primordiale pour établir dans l'égalité nos rapports de coopération avec les autres.

Tout comme la liberté n'est pas la licence ou la possibilité de faire n'importe quoi, de la même façon, la souveraineté n'est jamais absolue et ne donne pas la capacité de tout faire, parce qu'elle implique une interaction avec les autres, ce qui entraîne des restrictions à l'application de la souveraineté. Toute indépendance s'accompagne d'une certaine interdépendance, parce qu'elle implique un rapport avec les autres. Cette logique est aussi valable pour le Canada d'aujourd'hui que pour le Québec souverain. Le Canada est un pays souverain et, parce qu'il est indépendant politiquement, il peut s'associer avec les partenaires de son choix pour réaliser des objectifs conjoints. Il est associé avec d'autres États sur les plans culturel, commercial, militaire, diplomatique à travers un ensemble de traités et d'accords comme le Gatt, le F.M.I., l'Otan, Norad, etc. Il pratique donc l'indépendance dans l'interdépendance. C'est ce que vise la formule de la souveraineté-association qui permettra au Québec de participer de plein gré à ce système d'interrelations.

L'interdépendance n'est pas en elle-même néfaste ou aliénante pourvu qu'on puisse soi-même participer sans intermédiaire à l'élaboration de ses modalités, et cela seul un État souverain peut le faire. Pour des raisons liées à l'histoire, à la géographie et à l'économie, c'est avec le

Canada qu'*il* est *le* plus avantageux dans la conjoncture actuelle de réaliser cette association, car c'est entre le Québec et le Canada que les intérêts mutuels sont les plus convergents. Favoriser des liens privilégiés avec le Canada dans une association économique ne signifie pas que les deux partenaires s'enfermeront dans des relations bilatérales. Chacun sera libre de développer d'autres relations avec d'autres États, en autant que ces dernières ne nuiront pas à l'association privilégiée Québec-Canada. La souveraineté-association rend possible une plus grande ouverture du Québec sur le monde, et ce seront toujours les avantages respectifs qui détermineront le choix du ou des partenaires à rechercher. Si le Québec doit privilégier en premier lieu les relations avec ses voisins immédiats, il n'a pas pour autant à renier d'avance son appartenance à d'autres ensembles comme le Marché commun européen, la francophonie, l'Amérique latine. La souveraineté permet non seulement de modeler son interdépendance, mais aussi d'établir avec qui être interdépendant. Cette ouverture multiplie le nombre de stratégies possibles et donne plus de latitude, de marge de manœuvre pour mettre en valeur nos avantages comparés, et profiter de meilleurs termes dans les échanges internationaux.

Dans la définition des modalités de l'association Québec-Canada, il n'y a pas de prêt-à-porter, de modèle tout fait pouvant correspondre au caractère spécifique de la réalité Québec-Canada. La spécificité de la situation canadienne exige de l'imagination, et non pas des imitations. Les exemples des États nordiques, de la Communauté économique européenne sont nés de conjonctures particulières qui se reflètent dans leurs structures. Ces expériences peuvent être suggestives en ce qui concerne leurs institutions et leur fonctionnement, mais elles ne peuvent servir de base de comparaison pour ce qui est de leur orientation globale, les finalités n'étant pas identiques ici et là-bas.

Un oui majoritaire au référendum enclenchera le processus de négociation, et donnera au gouvernement du Québec le mandat de mettre en œuvre l'association économique sur la base de l'égalité et de la souveraineté réciproque des parties, ce qui permettra d'instituer la parité dans les prises de décisions. La parité signifie une représentation égale des deux nations à toute table conjointe et un poids égal pour leurs positions respectives. René Lévesque a défini ainsi les créneaux de la négociation.

> Si nous avons choisi dès le départ ce nom composé (souveraineté-association), c'est pour bien marquer le double objectif de notre démarche constitutionnelle. Il n'est pas question dans notre esprit d'obtenir d'abord la souveraineté puis de négocier l'association par la suite.
>
> Nous ne voulons pas briser, mais bien transformer radicalement notre union avec le reste du Canada ... La souveraineté et l'association devront donc se réaliser sans rupture et concurremment, après que les Québécois nous en auront donné le mandat par voie de référendum.
>
> Nous voulons conserver intact cet espace économique canadien, avantageux pour nous comme pour les autres, avec la liberté de circulation aussi complète que possible des produits, des capitaux et des personnes. Concrètement, cela signifie par exemple qu'il n'est pas question d'établir de douanes, ni d'exiger de passeport entre le Québec et le reste du Canada et comme complément logique à la conservation et au bon fonctionnement des marchés que nous partageons, nous sommes également d'avis qu'il nous faut assurer en commun le maintien de la monnaie actuelle. En négociant de bonne foi, on devrait parvenir à pouvoir confier la gestion de la devise et des politiques monétaires à une banque centrale conjointe[5].

Par le référendum, les Québécois exprimeront leur volonté de mettre en branle deux démarches distinctes dans le temps, mais indissociables dans leur application. Ils autoriseront le gouvernement du Québec à amorcer les discussions préalables avec le gouvernement du Canada

---

5   *La Presse,* 11 octobre 1978.

pour établir les clauses du traité d'association Québec-
Canada. Dans une deuxième étape, la ratification de ce
traité d'association nécessitera l'approbation des deux
États souverains. Cela signifie que la signature formelle du
traité d'association ne pourra avoir lieu qu'après la déclaration d'indépendance faite par l'Assemblée nationale du
Québec. Les citoyens du Québec seront alors appelés à se
prononcer sur cette étape décisive, en autorisant leurs
représentants élus à proclamer la souveraineté du Québec
et à signer le traité d'association économique. Il est possible
que cette deuxième consultation se fasse par le biais d'une
élection, dans l'hypothèse où les négociations préalables
avec le Canada aboutissent rapidement, c'est-à-dire avant
1981, ou encore advenant un refus catégorique de négocier
de la part des autorités canadiennes. Il est bien évident que
quoi qu'il advienne, l'élection générale de 1981 sera déterminante, car même si l'étape de la négociation n'est pas
encore achevée, l'enjeu de cette élection sera à tout le
moins la poursuite de la démarche entreprise par le gouvernement du Parti québécois. La non-réélection du Parti
québécois signifierait le rejet à court terme du projet de
souveraineté-association, et le processus de négociation
aboutirait sous l'égide des libéraux de Claude Ryan à une
réforme partielle de la constitution. On peut envisager
aussi avec plausibilité un autre scénario où le Parti québécois serait reporté au pouvoir pour continuer la négociation. Dès lors, dans l'éventualité d'une entente ou encore
dans celle d'un blocage, le gouvernement pourrait déclen-
cher un autre référendum pour finaliser le processus, soit en
demandant aux citoyens de ratifier l'entente, soit, dans le
cas du refus de poursuivre des négociations de la part
d'Ottawa, en approuvant la déclaration unilatérale de la
souveraineté du Québec, quitte une fois le fait accompli à
proposer au reste du Canada la réouverture des négociations. On peut donc s'attendre à ce qu'il y ait au moins
deux sinon trois consultations populaires qui permettront
aux Québécois de déterminer quel sera leur avenir politique.

L'élément clé de la première de ces consultations est le principe de la parité de pouvoirs du Québec et du Canada dans le partage des compétences économiques des deux États, ce principe devant s'incarner dans des institutions communes qui seront des agences de coordination et de mise en œuvre des décisions conjointes prises par les deux États. Il y aura, par exemple, une Cour de justice chargée d'interpréter le traité et les actes juridiques de l'Association Québec-Canada et un organe décisionnel formé de ministres délégués par chacun des gouvernements des deux pays.

Le projet d'association économique avec le Canada est à la fois précis et flexible, dans la mesure où ses modalités d'application doivent être négociées. Dans son état actuel, il indique les domaines qui feront l'objet des discussions et les perspectives générales des relations économiques entre les deux États, construites sur la base d'une union monétaire et douanière. Voici les principaux principes qui seront discutés par les représentants du Québec et du Canada:

1. assurer la continuité des échanges et des institutions qui leur paraîtra compatible avec leur souveraineté respective et leurs intérêts mutuels;

2. assurer la libre circulation des marchandises, par une renonciation des parties au droit de dresser à leur frontière commune des barrières douanières de quelque niveau que ce soit, et renoncer à recourir à toute forme d'entraves indirectes qui n'auraient pas été prévues de façon explicite par entente particulière;

3. se reconnaître mutuellement le droit de protéger chez eux:
   a) leur production agricole;
   b) leurs programmes d'aide temporaire au développement;
   c) les systèmes de préférence d'achat de la part de l'État; ces trois domaines devant faire l'objet d'ententes spécifiques;

4. conclure des ententes spécifiques en ce qui concerne les chemins de fer, les transports aériens et la navigation

intérieure (en ce qui a trait aux eaux limitrophes en particulier), ententes devant tenir compte à la fois de la proposition 1 d'une part et de la proposition 16 d'autre part;

5. établir en commun la protection tarifaire qu'ils jugeront nécessaire à l'égard des pays tiers, compte tenu des intérêts à court terme et à long terme de chacune des parties;

6. reconnaître le dollar comme seule monnaie ayant cours légal sur leur territoire respectif et, en conséquence, continuer de libeller en dollars, comme c'est actuellement le cas, les avoirs réels ou liquides ainsi que les titres de créances;

7. assurer la complète liberté de circulation des capitaux entre les deux États, sous réserve pour chacune des parties:

   a) de dispositions résultant de la promulgation d'un code des investissements;

   b) de dispositions particulières pouvant être adoptées pour la régie de certaines institutions financières;

   c) de toute autre mesure temporaire ou permanente jugée nécessaire par l'une ou l'autre des parties, toute dérogation au principe général de la libre circulation des capitaux devant faire l'objet d'une entente particulière;

8. assurer la libre circulation des personnes entre leur territoire respectif par la renonciation réciproque à leur droit d'imposer un contrôle de police régulier à leur frontière commune;

9. accepter, compte tenu de la proposition 8 ci-dessus, de soumettre à des ententes particulières les dispositions qui leur paraîtront nécessaires au bon fonctionnement de leur marché du travail respectif;

10. faire en sorte que les deux parties soient chacune responsable de la protection de leurs propres citoyens à l'étranger, de la promotion de leurs intérêts internationaux, ainsi que du contrôle des déplacements permanents ou temporaires des personnes en provenance ou à destination des pays tiers;

11. conclure, nonobstant la proposition 10, des accords particuliers permettant aux deux parties de mettre en commun leurs responsabilités envers les pays tiers chaque fois qu'une telle disposition leur paraîtra mutuellement avantageuse;

12. convenir de se reconnaître mutuellement la propriété exclusive des installations «fédérales» situées sur leur territoire respectif, et procéder lors de ces transferts de propriété aux compensations qui paraîtront justes, compte tenu de la nature et de l'influence de ces installations sur le développement passé des deux économies;

13. partager entre les deux parties la responsabilité de la dette actuelle du gouvernement fédéral, compte tenu de la proposition 12 ci-dessus, ainsi que des autres bases de partage à être déterminées par accord spécifique;

14. convenir d'assurer à leur minorité anglophone, d'une part, et francophone, d'autre part, la plus complète réciprocité des droits et services compatibles avec les circonstances prévalant de part et d'autre;

15. convenir d'assurer aux Amérindiens et Inuit habitant leur territoire respectif la mise en place d'institutions destinées à sauvegarder l'intégrité des communautés en cause, compte tenu du respect de la souveraineté des deux États sur l'ensemble de leurs citoyens;

16. faire en sorte que les institutions à mettre en place pour régir les domaines d'activité mis en commun soient, sauf exception à déterminer, constituées selon le principe général de la parité et que les ressources nécessaires au bon fonctionnement de ces institutions résultent de contributions à être négociées entre les parties[6].

Ces pouvoirs, mis en commun et exercés par l'entremise de structures et d'organismes conjoints et paritaires, viseront à maintenir entre le Québec et le Canada un marché commun, à faciliter entre les deux États le fonctionnement de mécanismes efficaces de coopération, et permettront de maintenir la stabilité des économies québécoise et canadienne durant la période de transition politique.

Le Canada est déjà un marché commun mais, actuellement, il est contrôlé exclusivement par le gouvernement fédéral, qui décide seul des mesures à prendre en fonction de ce que lui seul considère comme l'intérêt

---

6 *D'égal à égal,* pp. 13-16.

national. Le Québec demande qu'on en modifie les règles de fonctionnement, afin que les politiques économiques soient élaborées en tenant compte de nos besoins et de nos priorités. Pour cela, il est nécessaire que les leviers de commande puissent être actionnés par les représentants du Québec. L'accès au pouvoir économique devient indispensable à une collectivité qui veut se développer tout particulièrement dans un contexte où les firmes multinationales poussent à la concentration et à l'intégration économique et politique. Il faut empêcher que les décisions qui affectent la vie quotidienne et l'avenir de la collectivité soient prises à l'extérieur, sans nous. La souveraineté-association concilie le maximum d'autonomie avec le maximum d'efficacité et de développement économique. Ce nouvel équilibre des pouvoirs économiques entre le Québec et le Canada permettra d'élaborer des stratégies de développement économique plus conformes à la réalité et mieux adaptées à nos besoins respectifs. Le Québec pourra ainsi contrôler la politique commerciale et négocier à son avantage les termes des échanges. À cet égard, les exemples des céréales et du textile sont révélateurs des inconvénients de la situation actuelle. Ainsi, pour soutenir l'économie agricole des Prairies, Ottawa paie un prix minimum pour les céréales, subventionnant de ce fait les producteurs à même les taxes perçues au Canada et au Québec. Pour leur part, les éleveurs du Québec qui doivent s'approvisionner auprès des autorités fédérales doivent payer plus cher que les éleveurs de l'Ouest pour les céréales, notamment en raison des coûts de transport. L'éleveur est donc doublement pénalisé: par ses impôts, il subventionne le producteur de céréales de l'Ouest, tout en payant plus cher que son collègue de l'Ouest pour ces mêmes céréales. De même, pour pouvoir vendre des céréales à l'étranger, Ottawa doit accepter que les pays acheteurs puissent vendre des textiles au Canada, ce qui enlève au textile québécois un marché et des emplois que le Québec devrait avoir, ne serait-ce qu'en compensation pour le prix plus élevé qu'il doit payer pour les céréales. La souveraineté-association permettra un véritable marché commun, dans lequel les avantages et les inconvénients seront négociés et non pas imposés unilatéralement. Le Canada profitera lui aussi de ce nouvel équilibre, parce que les structures des productions et des marchés manufacturiers sont complémentaires; ainsi, l'Ontario expédie au Québec 13% de sa production manufacturière comparativement à 14,3% dans le reste du Canada et 14,5% dans les pays étrangers. Perdre le marché québécois reviendrait pour l'Ontario à perdre l'équivalent de tout le reste du Canada ou de toutes ses exportations vers l'étranger, et au moins 200 000 emplois. Il faut aussi considérer que le Québec représente un marché important pour la production agricole ontarienne. Refuser l'association serait irrationnel économiquement pour le Canada. De plus, il serait plus avantageux de collaborer avec un Québec souverain politiquement et dynamique économiquement, que de perpétuer des relations conflictuelles qui dispersent les énergies et les ressources, comme c'est le cas dans le cadre du fédéralisme. Il s'agit en somme de réaliser une nouvelle alliance sur une base égalitaire, afin d'assurer le plein épanouissement des deux collectivités.

La souveraineté-association permettra aussi au Québec de s'affirmer sur la scène internationale. Les relations avec les autres pays jouent un rôle fondamental dans l'orientation de l'avenir d'une société, particulièrement sur les plans économique et culturel. Le Québec devenant souverain disposera du pouvoir d'orienter sa propre politique étrangère. À cet égard, jusqu'à présent, le régime fédéral a été un carcan entravant les actions internationales du Québec, même dans les domaines qui relèvent de la compétence des provinces, comme l'éducation. La multiplication des moyens de communication, l'interdépendance des économies, la compénétration des cultures, les problèmes de la pollution, de l'énergie, tous ces nouveaux phénomènes ont élargi le champ des relations

internationales et ont rendu nécessaire l'intensification de
la participation des États aux échanges internationaux. Le
Québec n'a pas échappé à cette tendance et pour répondre
à ses besoins en matière de commerce, d'immigration et de
culture, les divers gouvernements ont été amenés à affirmer
plus activement la présence du Québec dans cette sphère
d'activités, ce qui a entraîné de nombreuses querelles
constitutionnelles et des batailles de drapeaux avec le
fédéral. Ottawa n'a pas raté une occasion de freiner ce
processus, soit en faisant directement des pressions sur le
Québec lors de la signature d'entente ou au cours de
conférences, soit indirectement par des pressions sur des
pays étrangers, notamment par des promesses d'aide financière ou économique, visant à s'assurer la sympathie
de certains États afin de court-circuiter les initiatives québécoises. Au lieu de dépendre des initiatives unilatérales
du gouvernement central, la souveraineté-association permettra au Québec de déterminer en fonction de ses besoins
propres les liens à établir avec les autres pays. De plus, en
vertu des exigences de l'association économique, certaines
activités internationales pourront être entreprises conjoin-
tement avec le Canada. Ainsi, une union douanière et une
union monétaire entraînent des conséquences sur le plan
international. Les compétences de l'association économique pourraient signifier, par exemple, une représentation
commune des deux pays aux négociations du Gatt et de
certains accords commerciaux ou auprès du Fonds monétaire international. L'association Québec-Canada permettrait aussi au Québec de devenir partenaire à part entière
des ententes avec la Communauté économique européenne.
Au plan diplomatique, il pourrait y avoir des représen-
tations communes ou des délégations bipartites. Il devient
de plus en plus important d'être associé aux négociations
des accords économiques internationaux, surtout dans la
perspective d'une plus grande ouverture des marchés occidentaux aux pays du Tiers monde en voie d'industrialisation, et d'une mondialisation des marchés, car les décisions

prises à ces occasions ont des influences déterminantes sur les possibilités de développement économique.

L'association signifie en définitive que le Québec pourra s'occuper lui-même de la promotion de ses intérêts économiques, en ayant un pouvoir de décision équivalant à celui du Canada. L'enjeu essentiel de la souveraineté-association est l'obtention d'un nouveau partage des pouvoirs de décision et de gestion entre le Québec et le reste du Canada. Ce nouveau partage permettra, d'une part, au Québec d'assurer en toute souveraineté la responsabilité des domaines qu'il juge relever de sa compétence exclusive et, d'autre part, de définir sur un pied d'égalité avec le reste du Canada les champs d'intérêt commun, comme la monnaie, le commerce, la circulation des capitaux et des personnes, les postes, les transports, la défense, etc. Ultimement, ce projet vise à enrayer le processus de développement inégal.

La souveraineté-association est une formule originale qui permet de concilier les exigences de cohésion, d'efficacité et de coopération propres aux économies modernes, complexes et interdépendantes, tout en respectant l'autonomie et l'épanouissement des spécificités culturelles et nationales. Elle rééquilibre les rapports de force entre les communautés nationales, en leur procurant les pouvoirs nécessaires pour qu'elles puissent orienter leur développement en fonction de leurs priorités. Elle change les rapports de domination en rapport de coopération dans les champs d'intérêts mutuels, et favorise ainsi des relations plus harmonieuses entre les peuples. L'enjeu de la souveraineté-association est donc le contrôle du pouvoir politique par le peuple québécois, qui prendra ainsi en main la responsabilité de son avenir. La réalisation de la souveraineté-association est la condition qui permettra au Québec de faire son histoire, en reliant le possible au réel et en tenant compte des ensembles qui nous environnent.

L'enjeu global du changement politique entraîné par la souveraineté-association est de créer les conditions propices qui permettront au Québec de s'émanciper des rapports de dépendance politique et économique, ceux-ci étant irréversibles dans le cadre du fédéralisme canadien. Ce projet représente le changement minimum pour maintenir l'existence de la collectivité québécoise et lui assurer une chance de prospérer.

La souveraineté-association dans le contexte mondial actuel est la seule façon de mettre fin à l'oppression nationale. Ce projet signifie pour la collectivité francophone la possibilité de se donner une stratégie générale de développement économique, qui stimulera la créativité collective tout en sauvegardant la démocratie et en assurant la continuité des services qu'exige une économie moderne.

Ce nouveau type de rapports entre les peuples ne résout pas magiquement tous les problèmes d'inégalités économiques et sociales, mais il crée des conditions plus propices à un autodéveloppement des collectivités concernées, c'est-à-dire que ce changement politique leur procure les leviers de commande indispensables pour mettre en œuvre une stratégie de développement. La souveraineté-association favorise donc l'aménagement de relations plus démocratiques entre les peuples, dans la mesure où chaque peuple peut dans ce cadre assumer ses choix collectifs sans subir la volonté et les décisions unilatérales de l'autre. Toutes les nations devraient pouvoir disposer d'elles-mêmes par le contrôle du pouvoir politique et se rapprocher entre elles par le biais d'une association librement consentie.

Cette formule a aussi l'avantage de clarifier le fonctionnement de la vie politique dans la mesure où les citoyens pourront mieux identifier les responsables dans les prises de décisions. Ils ne seront plus divisés et divertis par une structure politique où il y a plusieurs paliers de gouvernement, et où le partage des compétences est fluctuant. Ils pourront ainsi mieux contrôler l'orientation de leur société et consacrer leur temps et leurs énergies à d'autres problèmes, une fois que leur survie collective sera assurée par la création d'un État souverain. La dynamique sociale primera alors sur la dynamique nationale, de sorte qu'on peut dire que l'accession à la souveraineté aura pour effet de clarifier la lutte des classes et ses véritables enjeux. La souveraineté-association est le projet politique qui, tout en permettant de résoudre la question nationale, est le moins néfaste pour le développement des luttes sociales au Québec. Cette formule ne préjuge en rien du type de société à construire au Québec. Elle offre un cadre politique compatible aussi bien avec un système capitaliste qu'avec un système socialiste.

Deuxième partie:
Les enjeux particuliers

Tout projet de changement politique met en jeu des besoins collectifs et des intérêts particuliers, car la dynamique des interactions sociales est fondée sur une relation complexe du particulier et du général, du privé et du public. Les choix qui portent sur les types de structures politiques et d'organisations sociales accentuent cette complexité, car ils impliquent des modifications dans les rapports entre les forces en présence, lesquelles cherchent à maximiser leurs avantages respectifs en influençant le débat public. Selon A. Touraine [1], pour saisir la dynamique et la complexité des sociétés dépendantes, il faut relier trois dimensions de la réalité: la mobilité sociale, le nationalisme et les rapports de classes. Dans les chapitres précédents, nous avons insisté principalement sur l'articulation entre les deux premiers aspects en présentant les enjeux collectifs du projet de souveraineté-association. Nous tenterons maintenant de saisir leurs relations avec les rapports de classes, en dégageant les positions et les intérêts des intervenants dans cette lutte politique, afin d'exposer les motifs sous-jacents de ceux qui s'opposent à la souveraineté-association et de ceux qui soutiennent ce projet. Notre objectif n'est pas de recenser toutes les déclarations ou les gestes en faveur ou contre la souveraineté du Québec, car nous risquerions de nous enliser dans les méandres de la démagogie politique qu'alimentent les phantasmes individuels. À notre avis, il est plus important d'analyser les enjeux particuliers en partant des positions occupées par les diverses catégories sociales dans le système de production sociale, afin de mettre en lumière les liens entre les intérêts objectifs et les attitudes vis-à-vis du changement politique.

---

1   A. Touraine, *Les Sociétés dépendantes,* Paris, Duculot, 1976.

Cette dimension est importante dans la mesure où l'oppression nationale est une forme spécifique de domination de classe, qui se caractérise par la domination linguistique et culturelle dans les champs des relations économiques, sociales et politiques. Dès lors, toutes les classes ne subissent pas de la même façon les effets de l'oppression nationale.

Pour les capitalistes francophones, la discrimination affecte les conditions de mise en valeur et d'accumulation du capital. Arnaud Sales[2], dans une étude remarquablement bien documentée, a montré que l'accès des capitalistes francophones aux ressources financières des banques canadiennes-anglaises était difficile.

La petite bourgeoisie, quant à elle, en raison de la place qu'elle occupe dans la division du travail se caractérisant surtout par des fonctions intellectuelles, est particulièrement touchée par l'oppression nationale. En effet, la position sociale de ce groupe est directement proportionnelle à sa capacité de mettre en valeur son savoir et, par conséquent, la langue et la culture qui le sous-tendent.

Enfin, la classe ouvrière est affectée par l'oppression nationale au niveau du marché du travail, où elle est surexploitée en raison de la discrimination qu'elle subit sur la base de sa différenciation linguistique et culturelle au niveau de l'emploi, de la promotion et de la mobilité. D'une façon générale, on peut constater que, dans l'entreprise privée, plus les salaires sont élevés plus le nombre de francophones est bas parmi ceux qui touchent ces hauts revenus.

Un changement de régime politique met en question le contrôle de l'État, de ses appareils et de ses ressources, et implique un affrontement plus ou moins direct entre des forces sociales qui cherchent soit à protéger des avantages

---

2   Arnaud Sales, *La Bourgeoisie industrielle au Québec,* Montréal, Presses de l'Université de Montréal, 1979.

acquis, soit à promouvoir des intérêts qui sont différents ou contradictoires par rapport à ceux qui sont favorisés par le système politique établi. Ainsi, on peut caractériser la crise politique canadienne comme étant une crise d'hégémonie sociale et politique, qui implique un réalignement des alliances et une nouvelle répartition des places dans la structure du pouvoir.

Ce qui est en cause à court terme ce n'est pas la nature du système économique, mais plutôt le poids respectif des acteurs à l'intérieur d'une économie capitaliste dominée au Canada et au Québec par le capital étranger. Ce qui est en jeu, c'est en fait l'ouverture de nouvelles dynamiques plus rationnelles et plus propices à un développement économique équilibré, qui assurera l'épanouissement du Québec dans le maintien de sa spécificité.

Cette réorganisation des rapports de force n'a pas les mêmes importance et signification pour tous les agents sociaux. Les effets varieront selon la place occupée dans les rapports de production, et ce sont ces différences que nous tenterons d'évaluer afin d'identifier les forces en présence et les intérêts qu'elles défendent. Ainsi, chacun pourra choisir son camp selon ses affinités socio-économiques.

CHAPITRE V

La bourgeoisie canadienne
et la dépendance du Québec

De nombreux auteurs québécois[1], s'inspirant de la théorie de la dépendance formulée pour rendre compte du sous-développement des pays du Tiers monde, ont énoncé plusieurs hypothèses particulièrement stimulantes pour comprendre le développement économique et la position du Québec dans l'économie mondiale. À la suite d'analyses poussées, ils affirment que le Québec est une société dépendante à la fois à l'égard des États-Unis et du Canada. Dos Santos définit ainsi ce type de relation:

> La dépendance est une situation dans laquelle un certain groupe de pays ont leur économie conditionnée par le développement et l'expansion d'une autre économie, à laquelle la leur est soumise[2].

Selon cette théorie, les formes concrètes de la dépendance se manifestent principalement au niveau économique, mais ce phénomène a aussi des incidences sur les plans politique, idéologique et culturel. Cependant, dans le cadre des rapports de dépendance, même si le développement interne d'une société est extraverti, cela ne signifie pas l'absence de contradictions internes, de tensions et de

---

1   Henry Milner, Sheilagh Hodgins Milner, *The Decolonization of Quebec, an Analysis of Left Wing Nationalism,* Toronto, McClelland and Stewart, 1973, 257 p.
   Maurice St-Germain, *Une économie à libérer: le Québec analysé dans ses structures économiques,* Montréal, Les Presses de l'Université de Montréal, 1973, 471 p.
   Jules Savaria, «Le Québec est-il une société périphérique?» in *Sociologie et sociétés,* vol. 7, no 2, novembre 1975, pp. 115-127.
   Paul Bélanger et Céline St-Pierre, «Dépendance économique, subordination politique et oppression nationale: le Québec 1960-1977», in *Sociologie et sociétés,* Octobre 1978.

2   T. Dos Santos, «La crise de la théorie du développement et les relations de dépendance en Amérique latine», in *L'Homme et la société,* no 12, 1969, p. 61.

conflits au sein de cette société. Ceux-ci existent, mais ils sont conditionnés par des facteurs exogènes, c'est-à-dire que les formes concrètes de la dépendance ne font qu'amplifier les contradictions internes spécifiques à cette société.

Les théoriciens de la dépendance s'accordent pour dire que le sous-développement n'est pas en soi un retard dans le développement, mais le résultat du développement des pays capitalistes les plus avancés résultant des pratiques impérialistes. Depuis l'avènement du capitalisme et son expansion à l'échelle mondiale, il y a eu généralisation des rapports de production capitaliste basés sur la recherche du profit maximum. On assiste à la formation d'une unité mondiale systématisée sous l'égide du capital parvenu à la phase monopoliste. Cette généralisation implique que le rythme de vie, les élans spécifiques à chaque peuple, les rêves, les désirs, les besoins sont désormais modelés et scandés par les intérêts des monopoles et des firmes multinationales, dont les dirigeants ne reconnaissent qu'une seule nationalité: le profit.

Cette modification progressive de la structure économique dans le sens de sa mondialisation a été engendrée par les contradictions inhérentes au mode de production capitaliste, c'est-à-dire la surproduction, les crises cycliques, la baisse tendancielle du taux de profit, le chômage, etc. Pour survivre, le capitalisme a cherché à se reproduire sur une plus large échelle en pénétrant les espaces qui lui étaient étrangers, et en réduisant les obstacles représentés par les distances et les différences nationales, linguistiques et ethniques.

Cette nouvelle structure du mode de production capitaliste, qui concentre les trois sphères du capital (commercial, industriel et bancaire), revêt une importance cruciale dans l'analyse d'une société dépendante, car cette structure n'est pas enfermée dans des frontières nationales, mais s'étale sur l'économie mondiale même si la firme multinationale est le plus souvent une firme américaine.

La synthèse des procès de production, de circulation et de réalisation, opérée par le capital financier incarné dans la firme multinationale, permet la réalisation accélérée du cycle production/consommation qui s'effectue à l'échelle mondiale. Le monde devient l'unité économique sur la base de laquelle opèrent les firmes. Le marché mondial détruit les spécificités nationales par le biais de la consommation. L'internationalisation du capital permet l'uniformisation à l'échelle planétaire, ce qui implique la domination sur l'univers d'une culture et d'une langue particulières.

Ce phénomène est pensé par les idéologues du capital à travers la notion faussement neutre de l'intégration régionale, dont l'objectif consiste à harmoniser les politiques divergentes des divers États, surtout dans le domaine économique, et à lever les obstacles à la concentration du capital. L'idéologie de l'intégration cherche donc à faire consentir les peuples au renoncement à leurs spécificités et à accélérer ainsi le processus d'uniformisation linguistique et culturelle, afin de favoriser la circulation des produits, de la main-d'œuvre et des capitaux sur le marché mondial. On retrouve cette idéologie, par exemple, dans le credo politique de la Commission trilatérale, qui a pour raison d'être l'unification des pays capitalistes occidentaux, y compris le Japon, tant sur les plans politique, militaire et culturel, et ce, sous le leadership des États-Unis. Il y a des membres importants du Parti libéral du Canada et du Québec, comme M. Sharp et Claude Castonguay, qui adhèrent à cette idéologie. Cette idéologie est antinationale et vise le gommage de la différence.

Dans le cadre de l'expansion du capital et de ses rapports de production, le système fédéraliste apparaît pour ce qu'il est: une forme poussée parmi d'autres que peut prendre le processus d'homogénéisation de l'espace économique, auquel se superposent les processus d'uniformisation de la langue et d'érosion de la spécificité culturelle.

Les économies nationales, sous l'action des deux principaux instruments d'intégration que sont l'exportation des capitaux et le commerce, sont devenues de plus en plus liées les unes aux autres. Ce phénomène est lié à la concentration des capitaux et à, son corollaire logique, la concentration industrielle. La concentration des capitaux et des moyens de production, inhérente au mode de production capitaliste, est nécessaire au maintien d'un taux de profit stable ou le plus élevé possible.

Selon une enquête entreprise par le ministère fédéral de la Consommation et des Corporations, la concentration industrielle est plus importante au Canada qu'aux États-Unis; d'autant plus qu'elle s'accroît régulièrement: en 1965, la valeur ajoutée par l'industrie des 50 plus importantes entreprises manufacturières canadiennes représentait 36% du total contre 25% pour celle des U.S.A. en 1963 [3].

Parallèlement à la concentration industrielle, se sont également effectuées la centralisation du capital-argent en de grandes banques ou dans des holdings financiers, et la fusion du capital industriel avec le capital bancaire. Dès lors, pour ces monopoles géants, les marchés intérieurs sont trop étroits; ils ne parviennent plus à absorber tous les biens et tous les capitaux en surplus. Pour éviter les crises, ces entreprises doivent donc sortir du marché national. Ainsi l'internationalisme de la firme multinationale n'est rien de plus qu'une idéologie conforme à la nécessité de vendre les marchandises sur le marché mondial et de trouver des débouchés pour les capitaux. Il en résulte que les rapports existants dans le système mondial se traduisent par des rapports de domination et de dépendance entre les sociétés inégalement développées.

---

3   Rapport Basford, «La concentration industrielle est plus forte ici qu'aux États-Unis», *Le Devoir,* 21 décembre 1971, p. 9.

Le noyau composé des puissances capitalistes n'é-
chappe pas lui-même à l'inégalité du développement. Ceci
signifie qu'à l'intérieur même de ces sociétés hautement
industrialisées existe une succession de dominations en
paliers, cette hiérarchie ayant les États-Unis à la tête. La
bourgeoisie américaine, propriétaire des monopoles, contrôle donc par le biais principal des exportations de capitaux la vie économique non seulement des sociétés de la
périphérie, mais aussi celle des sociétés industrielles occi-
dentales dont le Canada qui, à son tour, entretient le
même rapport avec le Québec qui se trouve au bout de la
chaîne de la dépendance.

Plusieurs études solidement documentées ont démontré l'inféodation de l'économie canadienne à celle des
États-Unis. Selon ces sources, les Américains détiennent
près de 50% des capitaux de toute l'industrie canadienne.
En 1967, le capital américain investi au Canada se chiffrait
à plus de 28 milliards de dollars, c'est-à-dire 80% du total
des investissements étrangers[4]. Les Américains contrôlent
plus de 95% de l'industrie automobile, près de 60% de
l'industrie chimique, 75% de l'industrie pétrochimique et
houillère, 75% de l'industrie pétrolière, près de 90% de
l'industrie de caoutchouc, plus de 60% de l'industrie élec-
trique et électronique, 65% de l'industrie des machines-
outils. Les firmes américaines détiennent plus de la moitié
de la valeur totale des bilans des 400 plus grandes sociétés
canadiennes[5]. Tandis qu'entre 1955 et 1960, les fonds,
sous forme d'intérêts, de dividendes, etc., qui retraversent
la frontière vers les États-Unis, sont passés du demi-mil-
liard à plus d'un milliard de dollars par an; ces fonds
atteignent le montant de $1,25 milliard en 1965, $1,95

---

4   *Annuaire du Canada,* 1972, p. 1312.

5   Voir K. Levitt, *La Capitulation tranquille,* Montréal, L'Etincelle, 1972,
    p. 144; et aussi Ch. Levinson, *L'Inflation mondiale et les firmes multina-
    tionales,* Paris, Seuil, coll. Points, 1973, p. 93 et suiv.

milliard en 1970, puis $2 milliards en 1971 et $4,3 milliards en 1975[6].

Les investissements américains se répartissent en deux catégories. Les investissements directs, de loin les plus importants, représentent les deux tiers du total et comprennent à la fois les investissements en capital fixe et ceux qui entraînent ou tendent vers une prise de contrôle. Les investissements en portefeuille représentent un tiers du total et consistent en de simples achats d'obligations ou en des opérations boursières et financières à court terme, sans intention d'exercer un contrôle. Ce sont par exemple les achats d'obligations émises par l'Hydro-Québec sur le marché américain.

Cette emprise économique étrangère n'est pas enrayée par l'action du gouvernement canadien, au contraire. Ainsi, l'Agence canadienne de tamisage des investissements étrangers est une véritable passoire, qui accorde plus de 80% des demandes de prises de contrôle des entreprises locales au Canada. Cette dépendance économique s'accompagne d'une dépendance culturelle, car environ 70% des émissions regardées à la télévision et 60% des livres vendus sont d'origine américaine; près de 90% de l'argent consacré à l'achat de magazines au Canada anglais vont à des revues américaines.

Le Québec est soumis à la double dépendance des monopoles américain et canadien. La bourgeoisie anglo-américaine contrôle les industries de transformation, les industries de produits manufacturés, les industries minières et extractives, les industries de transport et de communications. Les secteurs contrôlés massivement par le capital

---

6 *The Canadian Balance of International Payments, 1960,* Ottawa, D.B.S., catalogue 67-201, tableau 7, p. 20; Cité in Dorval Brunelle, «Le capital, la bourgeoisie et l'État du Québec 1959-1976», in *Le Capitalisme au Québec,* sous la direction de Pierre Fournier, Montréal, Editions coopératives Albert St-Martin, 1979, pp. 87-88.

américano-canadien sont précisément ceux qui connaissent l'expansion la plus rapide, et qui sont dotés de la technologie la plus avancée. La présence de ces capitaux se manifeste aussi par le financement d'entreprises locales, qui sont des annexes qui se situent en amont ou en aval du capital monopoliste. Ainsi la bourgeoisie canadienne-française est très faible et dépendante du capital étranger. La bourgeoisie non monopoliste, où se retrouve la grande majorité des capitalistes francophones, est soumise objectivement à la domination de la bourgeoisie monopoliste canadienne et américaine. Elle ne peut pas avoir dans ce contexte de projet politique qui aille à l'encontre des positions de cette bourgeoisie. Elle ne peut soutenir le projet d'un Québec souverain, et adhère donc à l'idéologie des grands ensembles et au projet pancanadien de la bourgeoisie canadienne dont elle subit l'hégémonie.

Dans ce tableau général des forces économiques, il faut insister sur le fait que la bourgeoisie canadienne est particulièrement forte dans le secteur bancaire et dans les assurances. Par ces institutions, elle peut récolter l'épargne locale et l'utiliser à ses propres fins, ou encore la drainer hors du Québec et l'investir où bon lui semble, créant ainsi des emplois ailleurs sans se soucier le moindrement du chômage au Québec, comme ce fut le cas avec la Sun Life qui a refusé de se soumettre aux exigences de réinvestissement et à déménagé certaines de ses opérations à Toronto. Cette décision visait aussi à déstabiliser économiquement le gouvernement du Québec qui refusait de céder au chantage économique.

Ainsi, à cause de sa situation dépendante, le commerce extérieur du Québec est orienté par la stratégie globale du capital monopoliste, ce qui se répercute sur les types de production et sur la politique industrielle de la province. Le Québec est cantonné dans la production et l'exportation de la matière première comme c'est le cas, par exemple, avec l'amiante, ce qui nécessite peu de technologie et, par conséquent, ne développe pas le secteur de la recherche, tandis que l'Ontario et les États-Unis se réservent les domaines industriels à haute teneur technologique. Ce rôle de pourvoyeur de produits de base découle objectivement de la division internationale du travail imposée en fonction des intérêts des capitalistes étrangers. Cette division est soutenue par l'État fédéral au nom des principes de l'intégration économique. Le développement de la société québécoise dans cette structure politique est dépendant et fonction des intérêts étrangers, de sorte qu'on peut dire que c'est la bourgeoisie monopoliste non francophone qui profite le plus de l'oppression nationale des Québécois.

Quelles attitudes les milieux d'affaires canadiens sont-ils susceptibles d'adopter à l'occasion du référendum et d'une façon plus générale vis-à-vis du projet de souveraineté-association? Quel rôle jouera la bourgeoisie continentale dans le débat référendaire? Comment se comporteront les capitalistes francophones? Pour répondre à ces questions, il nous faut d'abord apporter certaines précisions à la description de la situation actuelle des rapports de force et des véritables enjeux de la lutte qui opposent les diverses classes sociales qui composent la société québécoise.

Il s'agit par conséquent de poser le problème des rapports entre les classes dominantes au Québec. Ce sujet a déjà fait couler beaucoup d'encre et a suscité de nombreuses controverses entre intellectuels qui, pour la plupart, s'enferment dans une logique de l'impuissance, en se confinant à des dénonciations abstraites et théoricistes des classes dominantes, et en s'empêchant d'élaborer une stratégie offensive par le biais d'une alliance avec d'autres couches de la société dans une lutte antimonopoliste et contre l'oppression nationale, qui sont les deux facettes d'un même problème.

La question qui sera posée lors du référendum, malgré les discours idéologiques qui l'ont prise en charge, mettra en jeu le choix d'un régime politique et exprime de ce fait un conflit entre deux classes déjà dominantes à des paliers différents, et qui cherchent à conquérir l'hégémonie effective sur les autres classes de la société.

L'objectif de cette lutte est donc, pour les uns, la fraction canadienne de la bourgeoisie monopoliste, la sauvegarde du pouvoir hégémonique qu'elle détient sur la scène fédérale et qu'elle détenait au Québec avant l'élection du Parti québécois. Pour les autres qui appartiennent à la nouvelle petite bourgeoisie liée aux nouvelles fonctions de l'État, il s'agit d'acquérir de nouvelles zones de pouvoir qui lui permettront de négocier une plus grande participation des Québécois aux décisions économiques. Ce dernier projet est mis de l'avant par une formation politique polyclassiste dirigée par la fraction technocratique de la nouvelle petite bourgeoisie, qui ne peut s'imposer comme force sociale qu'avec l'appui des classes populaires. Sa position de classe l'amène à rechercher des alliances avec les forces progressiste et ouvrière sans s'aliéner les pouvoirs économiques étrangers. Elle doit gérer les rapports sociaux en maintenant un équilibre fragile entre l'adoption de réformes sociales distributives et les exigences de la reproduction du capital. Cette dialectique procède aussi d'une stratégie du changement qui colle à la réalité géopolitique de la société québécoise. Lorsque certaines sectes politiques au nom d'un internationalisme prolétarien nébuleux et d'une stratégie de lutte classe contre classe, coupée de la réalité, qualifient le P.Q. de parti bourgeois et souhaitent son écrasement, ils servent objectivement le capital monopoliste et le renforcement de l'hégémonie de la bourgeoisie canadienne. La défaite du projet de souveraineté-association ne servirait pas la classe ouvrière comme le pensent les métaphysiciens de gauche[7]. Pour qu'un parti soit lié aux

---

7   Voir chapitre VII.

intérêts d'une classe, il faut d'abord que celle-ci existe et qu'elle soutienne ce parti. Or, au Québec il n'y a pas de bourgeoisie québécoise, et les milieux d'affaires ne soutiennent pas le P.Q. Stanley Ryerson remarque à ce propos:

> Ce n'est sûrement pas du côté de l'oligarchie financière que les partisans de l'indépendance peuvent s'attendre à trouver encouragement ou réconfort. On doit plutôt constater que les élites économiques tant anglophones que francophones sont les défenseurs les plus ardents d'un continentalisme du grand capital. La symbiose du Canada satellite avec l'empire des multinationales s'effectue et se maintient par l'instrumentalité de l'appareil d'État canadien[8].

Pour sa part, J. Niosi démontre l'existence non pas d'une bourgeoisie québécoise mais l'existence d'une fraction canadienne-française au sein de la bourgeoisie canadienne. Selon lui, cette distinction, cette nuance, est tout à fait importante car il signale que, si cette bourgeoisie a vu le jour principalement au Québec, ses origines ne sont pas exclusivement québécoises:

> L'élément canadien-français non québécois est bien représenté dans les grandes compagnies: les Franco-Ontariens Paul et Louis Desmarais (Power Corp.) et Robert Campeau (Campeau Corp.), le Franco-Albertain Charles Allard (Allarco Developments) sont là pour le prouver[9].

Niosi signale également que c'est non seulement l'origine géographique de ses membres, qui viennent de toutes les provinces canadiennes, qui permet de définir cette bourgeoisie comme «canadienne-française», mais aussi les ambitions «extra-provinciales» de cette bourgeoisie qui, à cause de la faible base d'accumulation du marché québécois, songe, aussitôt que ses entreprises atteignent un niveau de production relativement important, au marché

---

8 S. Ryerson, dans E. Orban, *La Modernisation politique du Québec,* Montréal, Boréal Express, 1976, p. 70.

9 J. Niosi, «La nouvelle bourgeoisie canadienne-française», in *Les Cahiers du socialisme,* no 1, p. 11.

canadien dans son ensemble, quand elle n'a pas de visées mondiales.

De plus, il faut tenir compte du contexte de la dépendance. La dépendance vis-à-vis du capital américain ne peut pas ne pas avoir une importance déterminante sur la situation objective de cette bourgeoisie. Est-il possible alors de parler d'une bourgeoisie «QUÉBÉCOISE» au sens plein du terme, quand celle-ci est à ce point liée qu'elle est absolument incapable d'influencer de façon autonome le développement économique du Québec? Cette bourgeoisie liée et dépendante ne peut être qualifiée de québécoise pour le simple fait qu'elle réside sur un territoire géographiquement situé, le Québec. Cette bourgeoisie résidant au Québec peut-elle réellement s'identifier à un projet national qui risquerait de compromettre sa position actuelle auprès et vis-à-vis du capital et de la bourgeoisie canadienne, dont elle ne représente qu'une fraction ethnique dépendante? Il faut répondre par la négative.

Le projet du P.Q., visant à créer un État souverain au Québec, aurait pour effet de gêner d'une façon relative la libre reproduction élargie du capital monopoliste canadien, en portant atteinte à l'hégémonie politique qu'il exerce à travers le système fédéral. Ainsi jusqu'à l'arrivée au pouvoir du P.Q., le terrain de la domination politique était occupé par la bourgeoisie monopoliste. Cette victoire électorale a créé une brèche dans la structure du pouvoir politique. On peut donc comprendre que les intérêts de cette bourgeoisie monopoliste la poussent à organiser des groupes de pression financés secrètement ou ouvertement, selon les cas, à même ses propres fonds et ceux de l'État canadien.

Elle a encouragé et soutenu la mise sur pied de mécanismes législatifs et d'organismes consultatifs, qui dissimulent les raisons qui la poussent à agir sous l'idéologie de l'unité nationale et de l'indivisibilité du Canada. Il faut aussi situer, dans cette perspective, les études publiées régulièrement depuis 1977 et publicisées par les media d'information. La bourgeoisie canadienne tente ainsi, à travers ces diverses initiatives, de reconquérir cet espace hégémonique et de colmater la brèche ouverte par le P.Q., qu'un appui décisif des Québécois au projet de souveraineté-association élargirait. Le non au référendum signifierait pour la bourgeoisie canadienne la fin de la crise de l'hégémonie et sa réaffirmation en tant que classe hégémonique dans le bloc des classes au pouvoir.

À cette fin, c'est-à-dire pour que le non se concrétise, le grand capital a donc créé de toutes pièces le Comité Pro-Canada. Cet organisme qui regroupe diverses associations vouées à la défense du Canada et du fédéralisme tire ses principales ressources des fonds provenant du gouvernement fédéral[10], des contributions d'entreprises privées et des corporations de la Couronne, c'est-à-dire des contribuables canadiens qui n'ont jamais accordé au gouvernement fédéral de mandat en ce sens. Le Comité Pro-Canada fut créé en décembre 1977 après plusieurs mois de tractations entre diverses fractions de la bourgeoisie. Aux six organismes profédéralistes tels que le Conseil pour l'unité canadienne, Québec-Canada, le Positive Action Committee, Rally-Canada, et le Committment Canada, vont se joindre les trois partis d'opposition de l'Assemblée nationale et les quatre partis politiques fédéraux. La plupart de ces organismes sont composés essentiellement d'hommes d'affaires. Ainsi le Conseil pour l'unité canadienne regroupait, en 1977, quelque 250 hommes d'affaires voués à la promotion de l'unité canadienne. Contrairement à ce que son nom laisse entendre, le Positive Action Committee s'est distingué par ses analyses négatives de l'économie d'un Québec souverain.

---

10   L'acceptation controversée, par Maurice Sauvé, président de Québec-Canada, de «$265,000 du gouvernement fédéral» illustre bien les pratiques de ces organisations.

Il y a aussi le Centre d'information pour l'unité canadienne, une agence reliée au Bureau des relations fédérales-provinciales à Ottawa et assujettie au groupe Paul Tellier, qui, disposant de ressources financières et d'un arsenal propagandiste considérable, a consacré $2,3 millions à la publication et à la distribution d'environ soixante pamphlets profédéralistes dans les bureaux de poste du Québec pour la seule année 1978 [11]. Cette agence, qui est maintenant au service du Conseil pour l'unité canadienne, a reçu $200,000 de subvention du gouvernement fédéral. Cette pléthore d'organismes richement dotés a fait dire à certains malins que la défense de l'unité canadienne était l'industrie la plus prospère au Canada, car tous ces organismes auraient bénéficié d'un total de $45 millions en subventions d'Ottawa en 1978. Selon René Lévesque, il s'agit là «d'orgies de fonds publics au niveau fédéral pour noyer l'opinion publique québécoise».

Mais les ressources financières dont dispose la Fondation Pro-Canada ne proviennent pas uniquement du gouvernement central. Il y a aussi les Sociétés de la Couronne qui versent à la caisse de cette fondation des sommes assez rondelettes. Selon les informations obtenues par le journal *La Presse,* Air Canada a fait une contribution de $50,000, le Canadien National $75,000, alors que la Corporation de développement du Canada — qui joue à Ottawa un rôle semblable à la Société générale de financement — a versé une somme de $25,000.

Les entreprises privées craignant pour leurs intérêts ne se sont pas fait prier pour financer la lutte idéologique contre le oui au référendum. Grâce aux révélations de *La Presse,* on a pu découvrir que plusieurs monopoles privés ont secrètement versé de grosses sommes d'argent à Pro-Canada pour soutenir la défense du fédéralisme. On retrouve parmi ces entreprises la Banque Toronto-Dominion

---

11   *La Presse,* 6 juillet 1979.

qui a fait une contribution de $37,000, le journal *The Montreal Gazette* a donné $50,000 au nom du groupe Southam de Toronto, comme l'a reconnu par ailleurs le président de cette société, M. Gordon Fisher. Cinq autres monopoles canadiens, la Canadian Imperial Bank of Commerce, le Canadien Pacifique, Northern Telecom, la Banque Royale et Molson, ainsi qu'une compagnie américaine, Imperial Oil, ont versé chacun $75,000; la Banque de Montréal a aussi fait sa part avec $65,000, tandis que la Banque de Nouvelle-Ecosse et la compagnie d'assurance Sun Life fournissaient toutes deux $50,000 [12]. Et il y a à parier que la liste est incomplète et fort longue. Comme l'a fait remarquer le journaliste de *La Presse:* «Tous les renseignements obtenus jusqu'à ce jour indiquent que la Fondation n'avait à toutes fins utiles rien reçu de la part d'individus, ses appuis provenant essentiellement d'entreprises soucieuses d'influencer les électeurs avant le référendum [13].»

Cette remarque apparemment anodine est pourtant fort révélatrice. Il est intéressant de noter que si, pour les Québécois, on brandit les épouvantails économiques, la rhétorique change de contenu et de forme dès qu'il s'agit d'un auditoire canadien. En effet, pour influencer l'opinion publique des autres provinces, on ne cesse d'exalter la mystique de l'unité nationale dont profite une poignée de capitalistes canadiens, et de traiter de tribalisme et de péché contre l'humanité la volonté d'un peuple de conquérir le pouvoir, de déterminer par lui-même sa propre destinée, de contrôler ses propres ressources naturelles et humaines et enfin de secouer le joug de l'oppression nationale. Et malgré tout ce battage publicitaire, les Canadiens ne s'émeuvent pas outre mesure. Ils se montrent réservés ou indifférents envers la lutte que livre la bourgeoisie canadienne contre la volonté souverainiste du

---

12   *La Presse,* 21 juin 1979.
13   *La Presse,* 7 juillet 1979.

Québec. Ils ne semblent pas impressionnés outre mesure par les déclarations de leurs représentants politiques. Cette désaffection des Canadiens s'est traduite par le désaveu du Parti libéral fédéral, qui avait axé sa campagne électorale sur le thème de l'unité nationale et se présentait comme seule alternative valable au Parti québécois. Ce désintérêt est aussi révélé par une enquête menée auprès des Canadiens qui auraient refusé massivement de financer les adversaires de la souveraineté québécoise. Dès lors, il n'est pas étonnant de constater que les coffres de la Fondation Pro-Canada ne sont renfloués que grâce aux bons soins des entreprises privées et publiques. Si ce critère était utilisé comme barème de démocratie, les partisans du oui l'emporteraient facilement parce qu'ils sont surtout soutenus financièrement par des individus.

Ainsi, la connivence entre la bourgeoisie monopoliste canadienne et la Fondation Pro-Canada est évidente et nous montre que les grands monopoles veulent à tout prix préserver le statu quo, c'est-à-dire le fédéralisme. La bourgeoisie canadienne est à cet égard consciente de ses intérêts qui sont liés au maintien des rapports de dépendance politique du Québec et à l'oppression nationale.

La première offensive d'envergure de la bourgeoisie contre l'option souverainiste a été lancée d'une façon indirecte contre la politique linguistique et culturelle du gouvernement québécois. On se souviendra à cet égard de l'intervention du milieu des affaires dans le débat sur la loi 101 où, par une lettre conjointe, 326 hommes d'affaires canadiens-français s'opposaient à la loi. De même, le Conseil du patronat et le Centre des dirigeants d'entreprises protestèrent en termes énergiques [14]. On a aussi profité de l'occasion pour relier la question de l'exode des sièges sociaux à l'affirmation de l'identité linguistique et culturelle des Québécois, alors qu'en réalité ce phénomène

---

14 *Le Devoir*, 7 avril 1977, p. 1.

répond aux exigences du système capitaliste lui-même qui tend à la concentration des capitaux.

Au fur et à mesure qu'on s'approchera du référendum, les attaques de la bourgeoisie se multiplieront et se feront plus directes. On assistera à un crescendo dans l'épreuve de force qui a commencé immédiatement après l'élection du Parti québécois.

Ainsi, en mai 1977, le président de Power Corporation, qui est une entreprise tentaculaire qui possède des intérêts pancanadiens, déclarait demeurer au Québec pour contrer le projet de souveraineté-association et se promettait de participer au débat avec détermination. De même, la Chambre de commerce du Canada s'est prononcée contre la souveraineté du Québec. Le Conseil des entreprises sur les questions d'intérêt national (C.E.Q.I.N.), qui est un organisme très sélect composé de 140 présidents des grandes compagnies du Canada, a réitéré en septembre 1978 son appui financier aux différents groupes qui défendent le fédéralisme contre la souveraineté-association. Son porte-parole, Paul Leman, vice-président du conseil d'administration de l'Alcan, déclarait à cette occasion: «Actuellement, il y a une vingtaine de héros qui se sont levés pour sauver le pays. Il faut coordonner le travail de tous ces groupes, examiner leur budget et ensuite nous leur donnerons un appui financier[15].» De son côté, le Conseil du patronat du Québec s'est proposé de faire échec au oui à la souveraineté-association, parce qu'elle équivaudrait à une indépendance. Son président, Pierre Côté, déclarait à ce propos: «...et toutes les nuances qu'on pourra faire n'enlèvent rien au fait que, pour nous, la soi-disant souveraineté-association équivaut dans les faits à l'indépendance pure et simple.» Selon une étude menée par une firme américaine de Chicago, Dartnell Institute of Business Research, 95% des compagnies canadiennes consultées se

---

15 *Le Devoir,* 12 septembre 1978.

prononcent contre la souveraineté politique du Québec. Pour ces dirigeants d'entreprises, un Québec souverain créerait un mauvais climat pour les affaires en général au Canada. Cette thèse est indémontrable et n'a qu'un objectif: alarmer les citoyens et les amener par le chantage économique à soutenir le statu quo politique. De toutes façons, l'économie canadienne n'a pas attendu la montée au pouvoir du P.Q. pour entrer en crise. Il ne peut y avoir de lien de cause à effet entre la souveraineté politique du Québec et les performances économiques du Québec et du Canada. Il faut souligner le fait que le projet péquiste n'est pas foncièrement anticapitaliste. Il cherche plutôt à définir un nouveau terrain d'entente avec le grand capital, en offrant en échange une gestion plus saine et rationnelle de la société, ce qui, à long terme, peut entraîner une plus grande stabilité politique.

La souveraineté-association ne signifie nullement que les amarres seront coupées entre un Québec politiquement souverain et le reste du Canada. Seules seront affectées les formes de domination. Le caractère extraverti du développement économique sera atténué. Ce projet implique qu'une plus grande part de pouvoir politique sera contrôlée par la nouvelle petite bourgeoisie qui pourra ainsi accéder à l'élite du pouvoir économique. Ceci peut menacer les intérêts particuliers de ceux qui entreront directement en concurrence avec cette nouvelle élite comme les cadres anglophones de Montréal, mais le pouvoir économique global de la bourgeoisie comme classe n'est pas menacé. Dès lors, la vision apocalyptique de l'économie d'un Québec souverain, que propage la bourgeoisie à travers diverses études prétendument scientifiques, n'est qu'une tactique de pression et une arme de propagande qui visent à bloquer le changement, car cette classe préfère par-dessus tout le statu quo.

Ces sombres prédictions visent à modeler l'opinion publique québécoise pour l'amener à consentir à son état de subordination politique et, même plus, à l'apprécier comme avantageuse. C'est dans ce sens que travaille l'énorme machine de propagande financée à coups de millions de dollars par le grand capital, et véhiculée par les partis politiques qui sont à son service. Que ce soit par de prétendues études scientifiques ou par les media d'information, on essaie de faire croire aux Québécois qu'un avenir infernal les guette, s'ils osent vouloir leur émancipation politique lors du référendum, alors qu'en réalité, c'est tout autre chose qui est en jeu. Cette mystification savamment orchestrée n'a pour raison d'être que de préserver les privilèges de quelques secteurs de la bourgeoisie monopoliste, dont les intérêts seront quelque peu grignotés et qui ne pourront plus jouir d'une rente de situation. On peut comprendre qu'aucune classe n'accepte spontanément de partager son hégémonie politique, mais ce n'est pas une raison pour que les autres classes consentent à leur propre subordination et acceptent de se laisser manipuler, et qu'elles contribuent à leur propre oppression.

Cette tactique de l'épouvantail est particulièrement évidente dans les études prédisant des pertes d'emplois considérables advenant la souveraineté du Québec. S'appuyant sur le postulat de la nécessité et des bienfaits de la dépendance, elles tentent de démontrer par des artifices statistiques qu'un Québec souverain serait frappé, sans délai et sans concession, d'ostracisme économique, que le Québec du jour au lendemain, par un effet magique, perdrait les atouts qui ont jusqu'à présent attiré les entreprises capitalistes, comme si celles-ci pouvaient se passer des sources de profit qu'elles ont outrancièrement exploitées auparavant et d'un marché de six millions de consommateurs. On escamote sciemment la logique même du capitalisme, et on oublie de tenir compte des éventuels désavantages que subirait le capital canadien s'il ne transigeait pas avec le Québec. La plupart de ces analyses catastrophiques sont à sens unique et masquent l'autre côté de la médaille, en refusant de poser certaines questions comme celle-ci: Combien d'emplois les autres provinces perdraient-elles si l'association était refusée? On a jamais exposé aux Canadiens des autres provinces les inconvénients qu'impliquerait une attitude négative de leurs représentants politiques devant la proposition péquiste d'une nouvelle association entre le Québec et le Canada.

L'intransigeance du capital envers un Québec souverain n'est que pure chimère. En agitant l'épouvantail, on dissimule la grande capacité d'adaptation du capitalisme en toutes circonstances, là où il y a un profit à faire. On agit comme si les capitalistes de l'Ontario ou d'ailleurs ne dépendaient pas, eux aussi, du marché québécois pour écouler leurs produits, pour obtenir des matières premières, pour faire fonctionner leurs entreprises, pour éviter la surproduction et autres crises cycliques, en définitive pour réaliser des profits même dans la perspective où certaines balises seraient créées par la souveraineté du Québec. Lorsque les représentants politiques de la bourgeoisie canadienne, tel le premier ministre ontarien W. Davis, opposent une fin de non-recevoir à l'association économique avec le Québec, ils ne font que pratiquer une forme de mystification plus ou moins subtile pour influencer le choix des Québécois. Or, ce n'est qu'un «bluff» car, objectivement, cette attitude négative sera néfaste pour les intérêts de la bourgeoisie canadienne. Depuis que Coca-Cola s'est implanté en Chine, tout est possible; et d'ailleurs, ne jamais négocier n'est pas dans la logique du capitalisme. Les firmes multinationales se sont acclimatées à des changements beaucoup plus radicaux dans d'autres régions du monde. Mais, avant de négocier, il est de bonne guerre de résister avec acharnement pour empêcher ce changement, et jouir des conditions les plus favorables si jamais celui-ci se produit. En effet, la réalisation de ce projet aura des implications pour la bourgeoisie canadienne en réduisant sa marge de manœuvre financière, en raison du partage du contrôle des ressources publiques.

Le projet péquiste qui vise à créer un État-nation souverain porte atteinte non seulement à l'hégémonie économique et politique de la bourgeoisie canadienne au Québec, mais il affectera aussi la reproduction élargie du capital monopoliste qui repose sur les interventions de l'État fédéral. Or, cet interventionnisme étatique du fédéral est possible grâce en partie aux prélèvements fiscaux faits au Québec qui servent à financer l'application des politiques keynésiennes, par lesquelles le capital assure sa survie depuis la crise de 1929. Ces interventions directes de l'État prennent différentes formes, allant des paiements de transfert aux individus pour absorber les surplus jusqu'aux injections de capitaux publics dans des secteurs non rentables ou à rentabilité à trop longue échéance, en passant par les achats de l'État et les dégrèvements fiscaux. Ces politiques visent à créer une réaction en chaîne ou à avoir des effets multiplicateurs, dans la mesure où elles susciteront d'autres investissements privés, de nouveaux emplois et de nouvelles demandes.

Pour effectuer ces investissements, l'État a besoin de ressources financières qu'il extorque de différentes façons: soit par les impôts, soit par la politique monétaire, soit par des emprunts ou encore en obtenant en dernier ressort des droits de tirage spéciaux consentis par le Fonds monétaire international. Mais il n'en demeure pas moins que la fiscalité est la clé de voûte de ces politiques économiques. C'est pourquoi, avec les besoins croissants de la bourgeoisie canadienne, l'État fédéral a tenté de concentrer le contrôle de la fiscalité en envahissant les champs fiscaux réservés aux provinces. Cette tendance a entraîné au Québec un fort mouvement de résistance de la petite bourgeoisie, car celle-ci était consciente des enjeux représentés par le contrôle du pouvoir fiscal. On comprend dès lors pourquoi la souveraineté politique, qui implique le pouvoir exclusif de légiférer et de lever des impôts, devient l'enjeu d'un conflit qui oppose la bourgeoisie canadienne et la nouvelle petite bourgeoisie québécoise.

Pour les intérêts du capitalisme monopoliste canadien, le champ fiscal québécois représente un atout majeur nécessaire à sa reproduction. Pour la bourgeoisie canadienne, il est indispensable de maintenir le Québec dans la fédération canadienne pour que l'État fédéral puisse continuer ses ponctions fiscales au Québec, et utiliser cette marge de manœuvre financière pour intervenir dans l'économie canadienne et aider le capital à survivre aux crises qui le menacent d'une façon chronique et lui permettre de contrer la baisse tendancielle du taux de profit. Dans ce dernier cas, les interventions/régulations de l'État canadien sont requises pour réduire les coûts des capitaux. Pour cette raison, de larges secteurs de l'infrastructure économique comme l'énergie, les moyens de transport et de communication, l'urbanisation, l'environnement, la santé, le logement, la recherche scientifique et technique, ont été pris en charge par l'État fédéral afin de créer des conditions nécessaires à l'accumulation du capital. Les interventions de l'État fédéral prennent aussi des formes directes comme les dégrèvements fiscaux. Enfin, l'État par ses dépenses militaires canalise une bonne part des ressources publiques vers les entreprises privées.

La création d'un État souverain au Québec réduirait la part de ces ressources publiques directement accessibles au capital monopoliste, ce qui forcerait la bourgeoisie canadienne à limiter ses ambitions expansionnistes. C'est là une des raisons qui explique la réaction vigoureuse des représentants de cette classe contre l'option souverainiste. Ce changement politique menace aussi les intérêts de la haute bureaucratie fédérale, dont l'influence et la promotion dépendent du maximum de ressources et de juridictions qu'elle peut contrôler. Elle devra donc fonctionner avec des budgets réduits, ce qui restreindra d'autant son prestige social.

Quant à l'attitude de la bourgeoisie américaine vis-à-vis du projet de souveraineté-association, on peut la

qualifier de circonspecte. Certes, le président Carter déclarait en février 1977 qu'il avait personnellement une préférence pour un Canada uni, tout en reconnaissant que
l'avenir du Québec était une question qui devait se régler
entre Canadiens[16]. Le *Washington Post* lui a d'ailleurs
rappelé à cette occasion le principe du droit à l'autodétermination et celui de la non-ingérence dans les affaires
internes des autres pays, qui font tous deux partie des
droits de l'homme si chers au président Carter. Ces prises
de position sibyllines révèlent l'attitude réservée mais non
agressive de la bourgeoisie américaine, face à la question
nationale québécoise.

Au début, prise par surprise par la victoire électorale
du P.Q., et incomplètement informée sur ses intentions,
elle a réagi avec une certaine raideur. Elle a accueilli avec
froideur le discours du premier ministre Lévesque fait à
New York en janvier 1977, devant les membres de l'Econo-
mic Club. Dans cette foulée, l'écart de rendement entre
les obligations québécoises et celles de l'Ontario s'est accru
pour atteindre 107 points. Cet écart étant proportionnel
à la perception du risque de l'acheteur d'obligations, il
est considéré par les milieux financiers comme le meilleur
indice du climat de confiance qui règne sur le marché
boursier: plus il est élevé, plus il traduit l'incertitude. Mais
ces réactions se sont tempérées avec le temps et la compréhension, car, en décembre 1978, cet écart était revenu à un
niveau considéré comme normal de 42 points[17]. De plus,
selon un document publié par Statistique Canada, le 17
juin 1979, les sociétés étrangères, surtout américaines,
prévoient augmenter leurs investissements au Québec de
21% pour une somme totalisant $575,9 millions, ce qui est
plus élevé que pour l'Ontario; les filiales américaines vont
pour leur part injecter $392 millions, ce qui représente une

---

16 *La Presse,* 1er mars 1977.

17 Alain Dubuc, «La crise de confiance est résorbée», *La Presse,* 23 janvier
    1979, p. 4.

augmentation de 39,3 % [18]. Ceci illustre bien l'intention de la bourgeoisie américaine de prendre ses distances envers un conflit politique qui ne menace pas directement ses intérêts. En somme, pour l'instant, elle manifeste une attitude prudente de «wait and see».

Cette revue des intérêts économiques dominants nous a fait voir que la bourgeoisie canadienne est la seule classe qui ait intérêt à faire obstruction à la souveraineté politique du Québec. Pour cette raison, elle fera de l'intimidation, des menaces de répression économique et du chantage à l'exportation des emplois, tant et aussi longtemps qu'elle aura la possibilité de faire pencher le verdict populaire en sa faveur. Mais, advenant l'expression d'une volonté populaire de souveraineté politique pour le Québec, devant le poids du nombre, elle ne pourra faire autrement que de s'adapter au nouveau rapport de force et négocier des arrangements. Le rôle du référendum est précisément de créer ce rapport de force favorable à la négociation des termes d'une nouvelle association économique avec le Canada. Il serait naïf et illusoire de penser qu'un groupe dominant fera des concessions avant d'être obligé d'en faire. Dans la situation actuelle, notre seul outil de changement est la démocratie, le poids du nombre et la solidarité. L'efficacité de ces armes a déjà été éprouvée à l'occasion du coup de force de la Sun Life. En effet, la décision de cette compagnie de déménager certaines de ses opérations à Toronto a galvanisé la solidarité des Québécois, ce qui a entraîné des effets catastrophiques pour cette compagnie. Ainsi, les résultats pour ce qui est des ventes de polices individuelles au Québec ont connu une chute radicale de plus de 30 pour cent depuis 1977. La place de la Sun Life dans le marché de l'assurance-vie est en déclin croissant et cela en dépit des campagnes de publicité fort coûteuses [19]. Le chantage économique de la bourgeoisie

---

18 *La Presse,* 28 juin 1979.
19 *Le Devoir,* 21 août 1979.

canadienne ne semble pas être rentable et l'expérience pilote de la Sun Life fera certainement réfléchir ceux qui seraient tentés par l'aventure du terrorisme économique.

Au nom de ses propres intérêts, cette bourgeoisie ne peut faire abstraction du potentiel économique québécois de sorte que, face à la détermination du peuple québécois, elle sera forcée de faire des concessions pour éviter de subir des conséquences encore plus négatives à long terme. Si le marché québécois lui est indispensable pour se maintenir à flot sur le marché mondial, elle fera les compromis nécessaires pour y garder une position relativement avantageuse. Elle a aussi intérêt à ne pas provoquer de ruptures trop radicales qui, à long terme, lui seraient très dommageables. L'économie québécoise n'a pas que des faiblesses structurelles, elle est aussi dotée d'atouts stratégiques, telles les mines de fer, de cuivre, d'amiante, les forêts, la voie navigable du Saint-Laurent, les richesses hydro-électriques et les réserves d'eau potable. Il s'agit de savoir s'en servir. Si ce n'était pas le cas, on comprendrait mal l'acharnement de la bourgeoisie canadienne à vouloir garder le Québec sous son égide.

CHAPITRE VI

La nouvelle petite bourgeoisie et la souveraineté politique du Québec

Le phénomène de l'apparition de nouvelles couches sociales est un élément clé pour comprendre la mutation de la société québécoise et l'irruption des revendications émancipatrices, qui vont caractériser le néo-nationalisme québécois.

De 1850 à 1950, le nationalisme de conservation a fondé sa stratégie sur la défense de la religion catholique, qui devait protéger la nation de l'assimilation facilitée par l'industrialisation et l'urbanisation. Le deuxième rempart de la nation était fondé sur la fonction reproductrice de la femme mobilisée pour la revanche des berceaux. Les élites cléricale et laïque faisaient alors appel au taux de natalité élevé pour préserver leurs assises sociale et politique.

La religion et la natalité n'ont pu arrêter les pressions érosives de l'assimilation et de la minorisation démographique. Le déclin du taux de natalité (qui était de 37,6/1000 en 1921 tomba à 13,8/1000 en 1972 comparativement à 15,9 au Canada) et le développement de la prédominance de l'anglais dans la vie économique, provoquant l'intégration à la communauté anglophone des nouveaux immigrants, ont démontré le caractère illusoire de la stratégie liée au nationalisme de conservation. Seul, dans ce nouveau contexte, l'État pouvait être en mesure de redonner vie et espoir à la nation. Les nouvelles fonctions socio-économiques dévolues à l'État dans la phase monopoliste du capitalisme, afin de maintenir la croissance économique, vont créer des conditions propices à la montée au pouvoir de nouvelles élites francophones qui entreront en conflit avec les élites professionnelles qui, traditionnellement, dominaient la société québécoise. Le clergé et les professions libérales ont perdu le poids qu'ils avaient et doivent céder le pas à une nouvelle catégorie sociale, où dominent les scientifiques et les techniciens, les spécialistes en sciences humaines et sociales et en marketing, les cadres moyens des services médicaux et sociaux, les spécialistes de la production et de la diffusion des biens culturels, etc. Cette nouvelle élite gestionnaire a trouvé dans les appareils d'État une source de mobilité sociale et une base pour établir son hégémonie.

La réorganisation de l'État durant la Révolution tranquille a donc suscité l'apparition de nouvelles couches sociales composées des travailleurs et cadres des services publics: fonctionnaires, professionnels du gouvernement, de la santé, de l'éducation, chercheurs, économistes, universitaires, techniciens enseignants, employés des hôpitaux, ingénieurs, etc. Le développement des fonctions d'encadrement, de supervision, de direction a fourni la base matérielle à l'émergence de ces nouvelles couches, que l'on regroupe sous l'appellation petite bourgeoisie technocratique, parce que, tout en occupant des positions subordonnées dans le système de production et de reproduction, elles jouissent néanmoins d'une certaine autonomie qui leur est conférée par la possession d'un savoir ou d'une compétence technique. La nouvelle petite bourgeoisie est composée de ceux qui ne possèdent pas les moyens de production, qui vendent leur force de travail mais qui, à cause de la nature intellectuelle de leur travail, exercent une fonction politique, c'est-à-dire qui ont une fonction de direction, de conception, d'organisation et de surveillance du travail. Ainsi, cette classe sociale est composée de salariés qui se situent dans la sphère intellectuelle de la division du travail. La base matérielle de son pouvoir de classe est donc la possession d'un savoir, et la langue est un instrument indispensable autant pour acquérir le savoir que pour l'utiliser. L'intérêt de la nouvelle petite bourgeoisie est la mise en valeur de ce capital. Les intérêts de cette classe ne sont pas liés à l'appropriation directe du profit, comme c'est le cas pour les capitalistes. Ces cadres dépendent davantage du développement des forces productives et de l'extension des fonctions de l'État. Ainsi cette classe qui s'est constituée à travers la rénovation superstructurelle réalisée par la Révolution tranquille, cherche à consolider et à accroître son pouvoir. Ce groupe a profité des réformes de l'éducation, a acquis par une forte scolarisation les compétences nécessaires pour exercer des fonctions de responsabilité, et cherche maintenant à se donner les instruments politiques par la formation d'un État souverain pour mettre en valeur son savoir. Pendant les années 60, la nouvelle petite bourgeoisie occupe les places de direction et d'organisation dans les appareils de l'État comme la santé, l'éducation, les loisirs. Elle devient gestionnaire de la reproduction des rapports sociaux, alors que la bourgeoisie anglo-américaine conserve le contrôle du développement économique et l'hégémonie dans les rapports de production.

Cette transformation de la physionomie sociale du Québec est bien illustrée par le tableau suivant.

*Évolution de quelques professions au Québec, selon les recensements de 1941 et 1971**

	1941	1971
Architectes	469	1 180
Dessinateurs, traceurs	1 986	6 185
Ingénieurs	5 910	18 225
Enseignants (tous les niveaux)	32 086	91 335
Santé (médecins, infirmières)	12 448	68 570
Avocats, notaires	2 712	4 400
Artistes	4 342	15 665
Professionnels de la religion	11 758	7 110
Récréation et loisirs	8 766	22 785
Économistes	—	1 760
Programmeurs et analystes	—	6 475

*Source: *Prospective socio-économique du Québec.* Imprimeur officiel du Québec, 1978, p. 83.

Cette évolution est aussi illustrée par l'indice de l'emploi dans les services qui passe, entre 1960 et 1969, de 100 à 165.

On retrouve, certes, ce phénomène dans toutes les sociétés capitalistes avancées, où le rôle de suppléance et de régulation de la croissance attribué aux pouvoirs publics, lié à la complexification de la division technique du travail, entraîne l'excroissance du secteur tertiaire et des services publics et a permis la prééminence sociale des gestionnaires.[3] Mais au Québec cette tendance revêt une dimension singulière, dans la mesure où le pouvoir économique étant extérieur à notre société et contrôlé par des anglophones, il en résulte un effet de blocage pour cette nouvelle élite au niveau du secteur privé, ce qui force en retour la concentration de ces cadres dans la structure étatique québécoise, qui devient la voie privilégiée de la promotion sociale des Québécois francophones scolarisés. Ainsi, le processus de modernisation de l'État, qui à l'époque était appuyé par la bourgeoisie canadienne, a tendance à se retourner contre elle dans la mesure où ces nouvelles couches sociales cherchent à autonomiser le fonctionnement de cet État et à l'utiliser pour elles-mêmes. Pour répondre aux exigences du développement des fonctions socio-économiques de l'État, on cherche à accroître ses ressources et pour ce faire, les nouvelles couches sociales qui veulent consolider leur promotion remettent en cause la prédominance de l'État fédéral. On assiste alors à deux mouvements contradictoires, puisque la bourgeoisie canadienne accélère le mouvement de centralisation de l'État fédéral, alors que la nouvelle petite bourgeoisie veut affirmer sa maîtrise sur l'espace politique québécois, en favorisant la croissance des pouvoirs de l'État québécois qui est le fondement de leur pouvoir. Claude Morin résume bien les perspectives et projets de ces nouvelles catégories sociales, lorsqu'il écrit:

D'une certaine façon, on peut dire que «les Québécois ont quand même de la chance», celle d'avoir un gouvernement. Peut-être sommes-nous comparativement privés de puissance économique ou financière, mais le gouvernement québécois existe. Or, partout au monde, les instances gouvernementales sont appelées, qu'on le souhaite ou non, à influencer toujours davantage l'évolution des sociétés humaines. Ainsi, des causes sociales, économiques et technologiques, que nous n'avons sûrement pas provoquées et que nous ne dirigeons pas, viennent justement, à l'heure actuelle, privilégier *le plus puissant instrument collectif dont nous disposions.* Elles lui confient, par la force des choses, un rôle actif et déterminant que n'avaient certainement jamais imaginé, ni même désiré, les générations de Québécois qui nous ont précédés. En somme, nous pouvons hériter d'un outil au moment où il devient intéressant et indispensable de s'en servir[1].

Mais ce projet est compromis par la conjonction de la crise du capitalisme et sa conséquence, la centralisation de l'État canadien relancée par le gouvernement Trudeau en 1968.

La nouvelle classe sociale, apparue et promue par la Révolution tranquille, tente alors de résister à cette tendance en mettant de l'avant le projet de souveraineté politique, parce que, pour elle, la politique centralisatrice du gouvernement fédéral implique la stagnation et à court terme l'affaiblissement de l'État québécois. Pour elle, l'enjeu est de taille car, du résultat du référendum et de l'accession du Québec à la souveraineté, dépend sa capacité de s'imposer comme classe hégémonique dans l'espace politique québécois et la possibilité de maintenir et d'élargir les chances de sa promotion sociale et économique. À l'inverse, l'échec au référendum et le maintien de la dépendance politique du Québec signifieraient un recul du pouvoir de l'État québécois, ce qui entraînerait comme conséquence l'arrêt du développement des couches sociales liées à l'État.

---

1 Claude Morin, *Le Combat québécois,* Montréal, Boréal Express, 1973, pp. 163-164.

Puisque l'économie est contrôlée par les capitalistes anglo-canadiens et américains, et comme le pouvoir politique relève principalement de l'État central où la langue de travail demeure l'anglais, la nouvelle petite bourgeoisie francophone est limitée dans le nombre de places qu'elle peut occuper. Ses chances de prospérer sont inférieures à celles des anglophones, qui ont de plus grandes possibilités de carrière à la fois dans les secteurs privé et public. Ce fait a été démontré par de nombreuses enquêtes, dont celle relative au monde du travail effectuée par la Commission sur le bilinguisme et le biculturalisme dont les conclusions sont probantes:

> De tous les domaines d'activité communs aux grandes entreprises, exception faite de la direction, c'est dans le génie, la recherche et le développement que la présence des francophones et la place du français sont les plus restreintes. Dans tout notre échantillon, 22% seulement des salariés affectés à ces activités sont francophones[2].

Absents des postes de direction, sous-représentés dans les fonctions de gestion tant au niveau privé qu'à celui de l'État central, les cadres francophones (administrateurs, ingénieurs de même que les scientifiques diplômés d'universités francophones) devront se replier sur le gouvernement provincial, les sociétés d'État et les administrations municipales pour trouver des opportunités de carrière. Alors que dans ces secteurs, les emplois de cadres sont occupés à plus de 85% par des francophones, dans les entreprises minières et manufacturières, dans le bâtiment, le transport et les communications, ils sont faiblement représentés dans une proportion oscillant autour de 15%. La même situation prévaut dans l'administration publique fédérale. Alors que les francophones représentent 26% de la population active au Canada, ils ne sont

---

2   *Rapport de la Commission royale d'enquête sur le bilinguisme et le biculturalisme,* livre III, Le Monde du travail, Ottawa, Imprimeur de la Reine, 1969, p. 516.

que 22% dans l'ensemble de la fonction publique, et 14,4% seulement dans la catégorie spécialistes et techniciens (ingénieurs, scientifiques, juristes, médecins, sociologues, etc.). La discrimination est encore plus flagrante en ce qui concerne les revenus, puisque les fonctionnaires francophones ayant le même niveau d'instruction et appartenant à la même catégorie professionnelle reçoivent des traitements inférieurs à leurs collègues anglophones. Dans les postes subalternes, on retrouve un équilibre qui se rapproche de la composition de la population. «Dans le monde du travail au Canada, que l'on considère l'entreprise privée, la fonction publique fédérale ou les forces armées, les francophones ont beaucoup moins de chance d'occuper les postes supérieurs. En outre, ceux d'entre eux qui occupent des postes élevés doivent très souvent utiliser l'anglais au travail. Finalement, et même si l'on fait abstraction de la forte emprise étrangère sur l'économie du pays, la part de l'industrie canadienne qui appartient aux francophones est extrêmement mince[3].»

Pierre Bourgault, pour sa part, a bien mis en relief les conséquences de l'oppression nationale, pour les Québécois francophones au travail, lorsqu'il écrit:

> C'est parce qu'il est français qu'on exige de lui la double compétence du bilinguisme, c'est parce qu'il est français qu'on lui refuse les postes de direction, c'est parce qu'il est français que s'exerce contre lui une lourde discrimination même dans les services pour lesquels il paie. C'est parce qu'il est français qu'on le force à entretenir une société plus ou moins bilingue qui lui coûte un prix fou[4].

Les politiques de bilinguisme n'ont pas modifié de façon substantielle ces tendances, et les améliorations relatives qu'elles ont pu apporter demeurent aléatoires et peuvent être remises en question dans une autre conjoncture,

---

3　*Rapport de la Commission royale d'enquête sur le bilinguisme et le biculturalisme,* livre III, p. 543.

4　Pierre Bourgault, *Quitte ou double,* Montréal, Ferron éditeur, 1970, pp. 119-120.

où la communauté francophone manifestera moins de dynamisme et de résistance farouche à l'assimilation. Dans son rapport annuel pour 1978, la Commission de la fonction publique dans une prose circonspecte et rassurante reconnaît que dans les catégories des techniciens, scientifiques, spécialistes et haute direction, la part des francophones n'est pas équitable et qu'il n'y a pas eu véritablement déblocage[5]. En réalité, les politiques de bilinguisme n'ont pas permis de véritable rattrapage dans l'accès des francophones aux postes de responsabilité, pour la bonne raison que ceux qui occupaient ces fonctions les ont conservées en s'imposant de suivre des cours d'immersion en français afin de pouvoir communiquer avec leurs subordonnés francophones. Et avec le temps, des millions de dollars s'envolèrent en fumée, consommés sur le bûcher de l'unité nationale. Il faut enfin souligner le fait que sans la combativité du mouvement indépendantiste, le Canada anglais n'aurait jamais accepté de soutenir cette entreprise de gaspillage. On pensait de cette façon pouvoir acheter le consentement des Québécois à leur subordination et régler ainsi la crise constitutionnelle.

En dernière instance, on peut considérer que le mouvement nationaliste et la revendication d'un Etat souverain, disposant de tous les pouvoirs, sont déterminés par la base matérielle même de l'existence de ces nouvelles catégories sociales gravitant autour des nouvelles fonctions de l'État. Profitant de la réforme de l'éducation, les jeunes Québécois ont misé sur l'éducation pour réussir à se tailler une place plus avantageuse dans la société québécoise où, traditionnellement, ils étaient relégués aux emplois subalternes. Comme le remarque André-J. Bélanger,

> L'issue normale auprès d'un bon nombre des étudiants, au terme de leurs études universitaires, sera l'administration publique québécoise... Ainsi, valorisée par les circonstances,

---

5   Voir *Le Devoir,* 11 juillet 1979, p. 4.

la fonction publique devient un lieu privilégié de la réalisation personnelle[6].

Ne disposant pas du capital financier qui leur permettrait de mettre en valeur leur savoir, peu attirés par les perspectives d'avenir dans le cadre de l'administration publique fédérale et de ses succursales, en raison des différences linguistiques et culturelles, ils se concentreront dans les lieux de pouvoir qu'ils pourront contrôler, c'est-à-dire le mouvement coopératif, les sociétés d'État et les divers appareils de l'État québécois.

La nouvelle petite bourgeoisie, qui ne possède qu'un capital culturel ou intellectuel, doit faire correspondre la mise en valeur de son capital particulier avec un projet politique qui assure la reproduction de ce capital et lui ouvre des possibilités d'expansion au niveau du pouvoir économique. Marcel Fournier résume ainsi cette nécessité, qui vaut à la fois pour les professionnels du langage et les professionnels de l'État:

> Plus que tout autre groupe ou couche sociale, les intellectuels en particulier, les professeurs et les fonctionnaires ont nettement intérêt à maintenir et à consolider l'identité nationale, puisque leur principal capital est culturel (maîtrise de la langue, connaissance de l'histoire politique, sociale et littéraire, etc.) et que celui-ci ne peut être mis en valeur que sur le marché national. Pour ceux-ci, la défense d'une langue et d'une culture est indissociable de la défense d'un métier et d'un marché: ce qui leur confère une qualification, c'est en fait la connaissance de la langue et aussi la nationalité[7].

Cette situation particulière explique que, même en étant bardés de diplômes, les francophones n'ont en termes de débouchés que des possibilités très limitées de se tailler une place dans le secteur privé, et qu'ils se sentent mal à l'aise dans une structure politique où ils formeront toujours

6   André-J. Bélanger, «Le nationalisme québécois», *Choix,* 1975, p. 55.

7   Marcel Fournier, «Le gouvernement du Parti québécois et la question nationale», dans Jean-François Léonard, éd. *La Chance au coureur,* Montréal, Nouvelle Optique, 1978, p. 181.

une minorité. Pour ces travailleurs du langage, la langue a une importance économique, car leur travail consiste à écouter et à parler, à lire et à écrire, puisqu'ils occupent les emplois principalement dans le processus de circulation du capital (commerce, transport, communication, administration, enseignement). Il faut aussi noter à cet égard que le Parti québécois recrute sa base sociale chez les enseignants, les administrateurs, les communicateurs.

Selon Vincent Lemieux:

> Le Parti québécois attire à lui les électeurs favorables à la Révolution tranquille et à l'indépendance du Québec, c'est-à-dire les électeurs qui en ont profité, les professionnels, les enseignants, les employés du secteur public, les étudiants. L'indépendance, pour eux, est la suite logique de ce mouvement de révolution tranquille[8].

La langue est donc une forme de capital, et l'État doit servir sa promotion non seulement dans sa sphère d'activité propre, mais aussi dans le secteur privé où le capital financier est contrôlé par des agents anglophones.

Ils mettront donc de l'avant une stratégie de changement par paliers, visant la maîtrise par les Québécois de leur économie par la planification étatique de leurs ressources tant naturelles que technologiques. Cet objectif à long terme passe nécessairement par la modification prioritaire du cadre politique. Dans cette perspective, tout changement significatif dans les autres secteurs au profit des francophones est utopique, si cette première transformation n'est pas d'abord assurée.

Moteur essentiel du relèvement québécois, l'État sera considéré comme l'outil privilégié de la promotion sociale des membres de la nouvelle petite bourgeoisie. C'est en effet par et dans l'État que la nouvelle petite bourgeoisie s'est constituée et réalisée. C'est le développement des appareils étatiques (le création de ministères

---

8   *Le Devoir*, 2 octobre 1973, p. 5.

gigantesques comme celui de l'Éducation ou celui encore des Affaires sociales) ou encore la nationalisation de certaines industries (de l'Hydro-Québec à la Société québécoise de l'amiante) qui ont permis à la nouvelle petite bourgeoisie d'asseoir son pouvoir sur une base matérielle plus solide.

De là, la tentation pour la nouvelle petite bourgeoisie de mener à terme la Révolution tranquille — qui avait entrepris la modernisation de l'État québécois — et d'entreprendre, comme le dit Marcel Fournier, la nationalisation complète de leur État et d'en faire le levier privilégié de leur mobilité collective.

En somme, le grand projet de la nouvelle petite bourgeoisie de s'emparer du marché national québécois — c'est-à-dire les leviers économiques — est indissociable de la nationalisation de la langue française (la loi 101) et de la nationalisation de l'État (l'indépendance).

L'enjeu de la question nationale pour cette classe est donc la possibilité d'utiliser les nouveaux pouvoirs d'un État souverain pour accéder aux postes de commande de l'économie. Dans la mesure où ces nouvelles catégories sociales sont indispensables au fonctionnement du capitalisme monopoliste, il est impossible que leurs aspirations à la mobilité sociale soient résorbées par des réformes de la constitution canadienne et de l'État fédéral, car, sur la scène politique canadienne, le pouvoir de cette nouvelle petite bourgeoisie ne serait que partiel, conjoncturel et soumis aux aléas des luttes électorales. De la même façon, le règlement de la question linguistique par la loi 101 est, à lui seul, insuffisant pour modifier les rapports de force au sein de la société québécoise. Seul le référendum sur la souveraineté-association permettra de clarifier le statut politique du Québec et, s'il est positif, il pourra donner une position plus avantageuse à l'État et à ses agents pour négocier les conditions et l'orientation du développement économique du Québec, ce qui permettra, en dernière instance, la promotion économique des francophones.

Ceci explique pourquoi la nouvelle petite bourgeoisie est l'acteur principal dans la lutte de résistance à l'oppression nationale, par laquelle elle tente de récupérer les juridictions fédérales et les administrations correspondantes et mise sur la création d'entreprises d'État pour compenser l'anémie de la bourgeoisie québécoise francophone. «Le rapatriement des pouvoirs actuellement tenus par l'État central lui permettrait, en plus de multiplier les postes accessibles, d'accroître son champ d'intervention sur les politiques économiques et sur l'inégal développement[9].»

Le changement de statut politique du Québec est vital pour cette classe, car au Québec la mobilité ascendante des francophones dans l'élite économique a été rendue possible par le développement des fonctions économiques de l'État. L'évolution de l'Hydro-Québec est significative à cet égard puisqu'à la fin de 1967, 297 des 365 professionnels seniors et administrateurs, soit 81%, étaient francophones, alors qu'avant la nationalisation, en 1962, seulement 12% des ingénieurs étaient francophones. C'est cette stratégie qu'on tente de reproduire à une échelle plus vaste par la nationalisation de l'État, c'est-à-dire le rapatriement au Québec des pouvoirs législatif et fiscal qui sont les leviers essentiels d'un État souverain.

La poursuite de cette stratégie qui fait de l'État l'instrument privilégié du développement de l'économie québécoise nécessite l'accroissement des ressources publiques pouvant être investies dans ce projet, et ceci ne peut se faire que par la récupération des pouvoirs fiscaux actuellement détenus par l'État central. L'augmentation de la masse budgétaire du gouvernement québécois entraînerait aussi une plus grande marge de manœuvre financière en

---

9   Paul Bélanger et Céline St-Pierre, «Dépendance économique et oppression nationale», *Sociologie et sociétés,* octobre 1978, p. 133.

accroissant les possibilités de crédit. Cela permettrait aussi de réaliser des économies dans la mesure où la croissance des frais encourus, pour le maintien des services payés par l'État fédéral, serait moindre que les sommes globales récupérées, étant donné que les infrastructures dans de nombreux secteurs existent déjà en raison du dédoublement des sphères de compétence. En définitive, l'État aurait plus de latitude pour rationaliser l'utilisation des fonds publics et les canaliser en fonction des besoins prioritaires du Québec. En même temps, ces effets seraient bénéfiques pour la nouvelle petite bourgeoisie, car ils impliqueraient un plus grand nombre de débouchés pour l'élite gestionnaire francophone, qui contrôlerait alors une plus grande part des postes de décision et de responsabilité et pourrait ainsi valoriser ses compétences particulières. Elle deviendrait ainsi l'interlocuteur privilégié dans les relations entre l'État et le capital privé au sein de l'espace politique québécois alors qu'actuellement, elle doit se contenter d'une rôle secondaire puisqu'elle ne peut participer directement et de plain-pied à l'élaboration des politiques économiques dans le cadre de l'État canadien.

Il appert donc que l'intérêt national recouvre l'intérêt matériel de cette classe, et que tout investissement dans la nationalité favorise la consolidation du marché national du travail et contribue ainsi à l'amélioration de sa position sociale. Cela doit lui permettre de faire son entrée dans tous les secteurs de la vie économique et politique. La nouvelle petite bourgeoisie est placée devant la nécessité matérielle de s'opposer à la volonté d'uniformisation et de centralisation de la bourgeoisie canadienne, pour assurer sa survie et sa reproduction en tant que classe. La nouvelle petite bourgeoisie cherche à exercer sa compétence particulière non seulement dans les appareils d'État, mais elle veut aussi déborder sur le secteur privé. Par cette ambition, elle ne vise pas le renversement du capitalisme, mais plutôt sa participation à la gestion du capital au Québec.

Elle ne s'attaque pas au marché mondial, mais veut simplement y jouer un rôle, avoir l'emprise qui lui revient sur
les leviers économiques. En contrôlant le marché national
du travail, elle veut se donner de meilleures chances de
concurrencer les unilingues anglophones. Par ce projet de
création d'un État national souverain, elle entre en opposition avec la bourgeoisie canadienne qui cherche à imposer
l'unité politique, afin de maintenir sa position sur le marché mondial. Cependant, cette contradiction n'est pas
fondamentale et pourrait se résoudre dans une complé-
mentarité plus fonctionnelle, qui résulterait des négociations sur l'association économique. Mais pour amorcer
ces négociations, un résultat positif au référendum est
nécessaire. À l'inverse, un résultat négatif aurait pour
conséquence de renforcer la position de la bourgeoisie
canadienne, qui pourrait alors imposer des conditions
unilatérales au peuple québécois camouflées sous des formes apparentes de concessions. Pour l'instant (le 12 juillet
1979), le comité du non au référendum dirigé par Claude
Ryan n'entend même pas proposer, à l'occasion du débat référendaire, de contre-propositions constitutionnelles
pour un fédéralisme renouvelé[10]. Il se contentera probablement de chanter les avantages du fédéralisme et d'agiter
les menaces verbales, que lui souffleront les milieux d'affaires et leurs chargés de mission du Parti libéral fédéral.
Un non au référendum sera donc un appui aux forces qui
ont intérêt à maintenir le statu quo politique.

Quelles seront les conséquences sociales de la non-
affirmation de l'État du Québec? Le refus de la souveraineté-association impliquera la poursuite de la logique
de centralisation politique, ce qui entraînera, à long terme,
une plus grande subordination de l'État québécois à l'État
central. Ceci signifierait que les couches supérieures de
l'appareil d'État, à moins de se convertir aux vertus du

---

10   *Le Devoir,* 12 juillet 1979, p. 2.

pancanadianisme, ne pourraient plus espérer accroître leur pouvoir économique par le contrôle du capital public. De même, les fractions du sous-système financier québécois, comme le mouvement coopératif et les compagnies d'assurance, seraient encore plus subordonnées au système financier de la bourgeoisie canadienne, qui a manifesté clairement ses intentions monopolistes à l'occasion de la révision de la loi des Banques. Quant aux autres couches, elles perdront leur accès privilégié aux ressources publiques à cause de la réduction de l'autonomie de l'État québécois, de sorte que leur développement sera bloqué. Elles devront subir les politiques des monopoles et ne seront plus en mesure de négocier des accords qui préservent leurs intérêts. Les travailleurs des services publics et parapublics, dont les intérêts économiques sont liés à la puissance économique de l'État, seraient également touchés dans leur niveau de vie par les résorptions des fonctions socio-économiques de l'État, car la bourgeoisie profiterait de sa position de force pour tenter de privatiser certains services et entreprises, ce qui annulerait les acquis obtenus par ces travailleurs depuis quinze ans. Enfin, la possibilité d'un développement économique équilibré qui ne peut, au Québec, être réalisé que par le pouvoir politique serait irrémédiablement compromise.

Comme on l'a vu au chapitre précédent, la bourgeoisie canadienne ne peut qu'être fédéraliste, parce que ses intérêts matériels sont liés à l'existence d'un marché pancanadien. Son développement en tant que classe et les nécessités de la concurrence internationale l'obligent à défendre une position favorable au maintien des structures politiques actuelles, et à prôner une plus grande intégration économique et politique des régions du Canada, en vertu de la logique de l'uniformisation inhérente au monde de la marchandise.

Le développement de la nouvelle petite bourgeoisie est menacé de blocage par la perspective centralisatrice,

représentée par la logique de l'intégration pancanadienne
et américaine. Pour assurer le fragile pouvoir dont elle
dispose, elle affirme le droit à la différence, cette différence
se résumant à une compétence particulière liée à la maîtrise
du savoir et de la langue et de la culture, qui en sont les
véhicules indispensables. Ce capital intellectuel ne peut
être mis en valeur que dans le cadre de son marché national
par l'intermédiaire de l'État québécois. C'est donc en
fonction des bases matérielles de son existence qu'elle
soutient le projet d'indépendance politique.

Les rapports de classes au Québec se caractérisent
par l'existence de deux réseaux de domination; le premier
contrôlé par la bourgeoisie canadienne et américaine domine principalement au niveau des rapports de production
par la propriété du capital financier, le second est contrôlé
depuis la Révolution tranquille par la nouvelle petite bourgeoisie qui domine la superstructure, c'est-à-dire les appareils politiques et idéologiques voués à la reproduction des
rapports de production. Le conflit entre ces deux réseaux
porte sur l'hégémonie, sur la vision du monde qui pourra
rallier à l'une ou à l'autre de ces classes les classes subalternes, et l'enjeu de ce conflit est le partage du pouvoir
politique qui, à long terme, contient aussi des implications
quant au partage du pouvoir économique. Les zones d'influence respectives contrôlées par ces deux classes ne sont
pas étanches. Elles s'interpénètrent dans la mesure où la
bourgeoisie canadienne, par son contrôle de l'État canadien, a une influence déterminante sur l'autonomie relative
des appareils politiques québécois. Il faut aussi ajouter un
autre élément qui renforce le pouvoir de la bourgeoisie,
comparativement à celui de la nouvelle petite bourgeoisie,
qui est le contrôle des moyens d'information et de communication (presse, radio, télévision), par lesquels cette
classe peut modeler l'opinion publique et rallier à son
projet les autres classes de la société. La nouvelle petite
bourgeoisie, quant à elle, dispose de moyens beaucoup
plus réduits à la fois sur le plan économique où, par le

biais des sociétés d'État et du mouvement coopératif, elle peut concurrencer le pouvoir économique de la bourgeoisie canadienne, et aussi sur le plan idéologique où elle doit utiliser des canaux plus sinueux pour diffuser sa vision du monde. On assiste donc, dans le débat sur l'avenir politique du Québec, à une lutte entre deux adversaires de forces inégales. Cette lutte a pour enjeu la conquête de l'hégémonie idéologique sur l'ensemble de la société québécoise, qui mène à un conflit au niveau politique dont l'enjeu est la souveraineté politique du Québec, c'est-à-dire le contrôle du pouvoir politique, enjeu qui, à son tour, se répercute quoique faiblement à court terme sur la distribution du pouvoir économique à l'intérieur de l'espace politique québécois.

La lutte hégémonique, qui se manifeste dans la campagne référendaire, est une lutte idéologique par laquelle ces deux classes dominantes cherchent à obtenir le soutien des classes populaires pour mettre en œuvre leur conception de l'avenir du Québec, et ainsi contrôler la distribution des places dans la structure du pouvoir.

Ainsi, ces deux classes dominantes défendent des positions politiques opposées qui sont directement liées à la défense de leurs intérêts matériels propres, qui découlent du type de capital qu'elles possèdent. Cette opposition est profonde en ce qui concerne les questions culturelle et politique qui ont des incidences réelles pour chacune de ces deux classes. La bourgeoisie, quant à elle, préférerait une plus grande intégration du culturel, du politique et de l'économique réalisée par un État central fort, alors que la nouvelle petite bourgeoisie résiste à cette uniformisation en affirmant son droit à la différence et la nécessité d'un État souverain, qui lui permettra de mettre en valeur ses compétences particulières. C'est la seule façon pour elle de participer au pouvoir économique. Un compromis est toutefois possible dans la mesure où la bourgeoisie canadienne, sous la pression de la volonté populaire des Québécois, peut être

amenée à confier une plus grande responsabilité économique à la nouvelle petite bourgeoisie, et dans la mesure où
cette dernière affirme sa volonté de maintenir les liens
économiques qui soudent le continent nord-américain par
la négociation d'un accord de marché commun. Sur ce
plan, la convergence est possible et les intérêts ne sont pas
irréconciliables.

Mais avant d'en arriver là, la bourgeoisie va mettre
en œuvre toutes ses ressources et utiliser sa position de
force pour ne pas avoir à faire ces concessions. Elle mobi-
lisera, au service de sa cause et de ses intérêts, les élites
québécoises favorables au fédéralisme regroupées au sein
du Parti libéral. Le monde des affaires va chercher avec
acharnement à faire échouer le référendum et à battre le
P.Q. aux prochaines élections, en utilisant le Parti libéral
comme canal de diffusion de sa vision du monde et de ses
intérêts stratégiques. Son objectif ultime est le retour des
libéraux au pouvoir, ce qui lui permettrait de renforcer son
hégémonie politique et idéologique.

Mais ce scénario n'est pas sans risque, étant donné
que l'alliance entre la nouvelle petite bourgeoisie et les
classes populaires pourrait se renforcer advenant l'échec
au référendum et à l'élection, et entraîner une radicalisation qui rendrait le système politique instable et ingouver-
nable. Cette situation accroîtrait les tensions sociales et
pourrait être encore plus menaçante pour les intérêts
économiques de la bourgeoisie que la souveraineté-association. Tout compte fait, un compromis historique lui
serait probablement moins dommageable, et ce compromis
dépend en définitive de l'attitude des classes populaires.

CHAPITRE VII

Les classes populaires et la souveraineté du Québec

On entend souvent dire par des groupes qui s'auto-proclament à l'avant-garde de la classe ouvrière que l'indépendance va diviser la classe ouvrière canadienne, comme si dans le cadre du fédéralisme la classe ouvrière avait été unie, et comme si les structures politiques fédérales créées pour promouvoir les intérêts de la bourgeoisie canadienne étaient des acquis précieux pour la classe ouvrière. Il y a des dialectiques qui y gagneraient à intégrer un peu de logique. Il est plutôt paradoxal que des prétendus révolutionnaires acceptent la légitimité des cadres juridiques établis par leur ennemi principal, la bourgeoisie, et qu'ils n'envisagent l'unité que dans le cadre de l'État canadien, alors que, dans la phase actuelle du capitalisme, les intérêts des firmes multinationales poussent à l'intégration et à la coordination continentale et occidentale des économies et des politiques.

L'unité de la classe ouvrière est un mythe au Canada, aussi bien dans ses organisations qu'en raison du processus de sa constitution dans un cadre colonial. On ne peut donc défaire ce qui n'a jamais existé. La diversion effectuée par la question nationale et les conflits linguistiques a toujours été présente et s'exerce aussi bien au Québec qu'au Canada, car elle est inhérente à la formation même de la société canadienne et de son régime politique.

Ce fait est aussi enraciné dans le processus de formation de la classe ouvrière qui, en raison de la situation coloniale, s'est effectué sur la base de divisions ethniques et linguistiques. Lorsqu'on examine le processus de prolétarisation, on constate que ce ne sont pas les Canadiens français qui se sont prolétarisés les premiers. La constitution de la classe ouvrière a d'abord été initiée par l'immigration d'Irlandais, d'Écossais, et par la suite de Polonais, de Juifs, etc. Cette immigration favorisée par le gouvernement colonial visait un double impératif: fournir une main-d'œuvre aux entreprises industrielles naissantes et affaiblir le poids numérique et politique des Canadiens français. Les rapports ethniques comme on peut le constater ne peuvent être dissociés des rapports sociaux, et on peut même dire que la domination coloniale a retardé la prolétarisation des paysans canadiens-français et leur entrée dans la structure industrielle. Ce phénomène traduit aussi à notre avis une résistance politique à l'oppression nationale, car les nécessités économiques forceront l'entrée des Canadiens français sur le marché du travail, mais ceux-ci au lieu d'affronter un patron anglais et la concurrence d'ouvriers irlandais et écossais, au lieu de vendre leur force de travail sur le marché de Montréal et de Québec, s'orienteront plutôt vers le marché du travail américain, ce qui affaiblira leur position relative dans la structure industrielle canadienne. Plus tard, à la suite de la politique nationale de 1879 et de la spécialisation de l'agriculture, les Canadiens français s'orienteront plus massivement vers le marché du travail canadien, où ils ne seront qu'une autre couche d'immigrants qui arrivent après les autres et, comme c'est le cas dans d'autres pays, ils devront occuper les emplois subalternes peu qualifiés et peu payés, permettant ainsi l'ascension occupationnelle des couches ouvrières arrivées précédemment. Le marché du travail force les ouvriers à entrer en concurrence les uns contre les autres et, au Canada, cette concurrence s'est faite sur la base de différences ethniques et linguistiques et a entraîné des effets sur la structure même de la classe ouvrière, qui est elle-même traversée par la question nationale.

Ainsi, les travailleurs irlandais et écossais, en raison de leur langue commune avec les capitalistes canadiens, ont formé les premières couches de la classe ouvrière canadienne. Ils en ont profité pour acquérir de l'expérience et des compétences techniques, qu'ils chercheront à mettre en valeur sur le marché du travail par le biais des organisations syndicales. Avec le développement de l'industrie et l'accentuation de la division du travail, ils contrôleront les emplois qualifiés, laissant aux travailleurs des autres ethnies, notamment les Canadiens français, les emplois de manœuvre ou spécialisés, qui impliquent peu de qualification professionnelle et sont en conséquence peu rémunérés. Il y aura donc un développement inégal des diverses fractions nationales de la classe ouvrière, c'est-à-dire que les travailleurs francophones ne seront pas sur un pied d'égalité avec les travailleurs anglophones qui ont plus d'ancienneté, une langue commune avec le patron et, par conséquent, une plus grande maîtrise des outils et des procédés techniques de production qui provenaient d'Angleterre ou des États-Unis, aussi lieux d'origine du capital. De plus, étant plus expérimentés et ayant participé au mouvement syndical dans leurs leurs pays d'origine, les travailleurs anglophones créeront des organisations pour protéger leurs avantages professionnels et limiter la concurrence des autres travailleurs arrivés plus récemment sur le marché du travail. Des études comme celle de S. Aronowitz ont constaté une forte corrélation entre la position occupée dans la hiérarchie interne de la classe ouvrière et l'origine ethnique. Ce phénomène aux États-Unis s'est manifesté de la façon suivante: les immigrants, venant de pays peu industrialisés du Sud ou de l'Est de l'Europe, ont occupé dans la stratification industrielle les positions non qualifiées, alors que ceux venant d'Europe du Nord, comme les Irlandais et les Écossais, se retrouvaient dans les emplois qualifiés au fur et à mesure de l'arrivée des vagues successives d'immigrants. Ils ont eu tendance à utiliser le syndicalisme à leur profit pour maintenir leurs statuts privilégiés dans la structure industrielle[1].

---

1   Voir Stanley Aronowitz, *False Promises: the Shaping of American Working Class Consciousness,* New York, McGraw Hills, 1973, p. 80.

Les travailleurs francophones pour leur part ont été pénalisés par ces tendances structurelles car, pour accéder aux échelons supérieurs de la classe ouvrière, ils devaient affronter une concurrence inégale avec leurs collègues anglophones car, en plus de la maîtrise d'un métier, ils devaient assimiler une autre langue pour exercer ce métier et souvent aussi pour défendre leurs intérêts dans les organisations syndicales. Ainsi, l'oppression nationale a des incidences sur la division technique du travail. Que ce soit par l'imposition de la langue anglaise comme langue de travail ou par la discrimination envers les francophones dans l'embauche, l'oppression nationale a maintenu la condition économique des Québécois francophones à un niveau inférieur à celui des Québécois anglophones, et ce, à l'intérieur de la province où les francophones sont en majorité. Ce partage inégal des richesses sociales se manifeste aussi dans la propriété des logements, dans l'état de santé et dans le degré de scolarité.

Si l'on observe l'évolution du mouvement ouvrier, on se rend compte que la problématique nationale y est très présente, et que les liens organiques entre les deux composantes nationales de la classe ouvrière canadienne ont été faibles et conflictuels. Certains attribuent ce fait aux tendances affairistes du syndicalisme et à l'absence d'un parti ouvrier. Mais cette réponse est insatisfaisante. Il faut encore expliquer pourquoi il n'y en a pas eu, et à cet égard un des facteurs explicatifs peut être la division ethnique de la classe ouvrière.

Les exemples de division du mouvement ouvrier au Canada ne manquent pas. Il y eut, par exemple, les conflits violents entre les débardeurs irlandais et canadiens-français dans le port de Québec en 1879. Il y eut aussi, en 1902, l'exclusion des Chevaliers du Travail du Conseil des métiers et du travail du Canada; la quasi-totalité des Chevaliers étaient du Québec. On peut aussi se demander pourquoi Albert Saint-Martin, qui est l'un des premiers socialistes canadiens-français, n'a pas adhéré au Parti communiste canadien. Il semblerait que cette attitude s'explique par le refus de la IIIe Internationale de reconnaître un statut autonome à la section canadienne-française du P.C. Dans l'ensemble, on peut dire que les positions de la classe ouvrière canadienne-anglaise à l'égard de la question nationale au Québec sont aussi une source de division avec la classe ouvrière francophone. Il est significatif de constater que ni le Parti communiste canadien, ni le Nouveau Parti démocratique n'ont reconnu la légitimité de la souveraineté politique du Québec. Il faut aussi noter que le Québec s'est distingué du reste du Canada, sur le plan syndical, par l'existence d'organisations syndicales nationales. Ainsi, la C.S.N. s'est organisée presque exclusivement au Québec et a défini un syndicalisme national par opposition au syndicalisme international dominé par les anglophones. En revendiquant le français comme langue du travail, des négociations, des conventions collectives, en luttant contre la discrimination dans l'emploi et l'avancement, la C.S.N. a lutté contre l'oppression nationale. La question linguistique touche directement aux conditions de travail dans le secteur privé, qui est contrôlé par des capitaux étrangers canadiens-anglais et américains. La C.E.Q. a elle aussi souligné l'acuité du problème linguistique et s'est prononcée à son congrès de 1970 pour le français comme seule langue officielle. À son congrès de 1972, elle se prononce aussi pour l'indépendance politique du Québec, en soulignant que l'indépendance ne peut se faire qu'avec la participation et au bénéfice des classes laborieuses.

Enfin, même la F.T.Q., qui est rattachée au Congrès du travail du Canada, mène depuis quelques années une lutte pour obtenir une autonomie financière et un rapatriement des pouvoirs qui en feraient une centrale autonome. Ces exemples illustrent comment le mouvement ouvrier canadien est traversé par l'existence des deux collectivités nationales et qu'il subit la dynamique nationale. Les diverses prises de position des organisations ouvrières québécoises indiquent comment la division du travail recoupe la division entre les différentes nationalités.

Même si les organisations syndicales comme la C.S.N. et la C.E.Q., pour des raisons syndicales, n'ont pas donné de consignes de vote à leurs membres pour le référendum, elles ont à différentes occasions affirmé le droit du Québec à l'autodétermination et ont dénoncé les méfaits socio-économiques de l'oppression nationale. On peut aussi constater une évolution dans les positions constitutionnelles des organisations syndicales. Alors que celles-ci, durant les années 60, adoptaient des prises de position profédéralistes, elles s'orientèrent progressivement vers une position davantage sympathique au projet d'indépendance, en proposant comme objectif «l'édification d'un Québec indépendant basé sur le socialisme démocratique». Certes, au sein des centrales, le débat demeure ouvert sur des questions de stratégie où s'affrontent deux thèses: celle qui affirme que la question de la souveraineté se pose à court terme, et qu'il faut l'évacuer pour créer l'espace politique où s'affirmera la lutte pour l'établissement du socialisme; l'autre tendance qui veut se démarquer de la stratégie étapiste et de l'hégémonie du P.Q. sur la question nationale, en voulant lier directement le projet socialiste au projet d'indépendance. Les directions syndicales restent donc divisées et hésitantes sur la marche à suivre. Quoi qu'il en soit, de nombreux syndicalistes se sont impliqués dans les mouvements indépendantistes. Ainsi, un sondage réalisé à l'occasion du congrès de la F.T.Q., en 1973, révélait que 76% des délégués au congrès avaient soutenu le Parti québécois aux élections de 1973. Un autre sondage fait avant les élections de 1976 confirmait cette tendance, en révélant que plus de 60% des salariés appuyaient cette formation politique. Le président de la fédération de la métallurgie (F.T.Q.) déclarait à ce propos: «La pénétration du P.Q. chez les travailleurs francophones, sans aucun mot d'ordre syndical, a été immensément plus grande et plus rapide que la pénétration de toute autre pensée politique...»

La structure politique d'une société influence forcément les actions, les stratégies et les organisations de la classe ouvrière. En ce sens, nous pensons que, jusqu'à présent, le fédéralisme a été une entrave au développement du mouvement ouvrier et a affaibli la cohésion de son action. Le fédéralisme a servi d'instrument de diversion, c'est-à-dire qu'il a permis d'entretenir une confusion et de maintenir des antagonismes au sein du mouvement ouvrier. Ce phénomène de confusion est bien illustré par la réaction des travailleurs lors de la fermeture de l'usine Cadbury qui, ne connaissant pas la répartition des pouvoirs dans les système fédéral, s'en prirent au gouvernement du Québec, alors que ce dernier n'a aucun pouvoir économique réel, et ne peut prendre aucune sanction efficace contre le déménagement d'une compagnie d'une province à une autre. C'est le fédéral, en l'occurrence, qui a la juridiction sur les échanges interprovinciaux.

Certes, la souveraineté-association ne modifiera pas les rapports de production capitaliste. Elle n'implique pas un changement de société. Mais le règlement de la question nationale permettra à la classe ouvrière du Canada et du Québec d'agir d'une façon plus cohérente et d'être plus polarisée dans la lutte sociale en fonction de ses intérêts stratégiques. Au minimum, il y aura clarification des rapports ethniques au sein du mouvement ouvrier.

L'accession à la souveraineté du Québec constituera un pas en avant. Elle sera positive dans la mesure où elle permettra une prise de conscience plus adéquate des intérêts de la classe ouvrière québécoise et de la classe ouvrière canadienne, en faisant tomber le masque, le voile opaque d'une structure politique qui polarise les conflits sur les questions de langue et sur les différences culturelles. À cet égard, le mouvement ouvrier n'est pas vierge et reproduit les tendances dominantes de la société. On a pu le constater, par exemple, dans le conflit des Gens de l'air, où les intérêts ethniques ont primé sur la solidarité de classe, les contrôleurs aériens anglophones voulant protéger leur quasi-monopole sur leur profession et les avantages qui en découlent. En empêchant l'usage du français dans les airs, les travailleurs anglophones reproduisaient l'oppression nationale inhérente aux rapports de force à l'intérieur du fédéralisme. Ainsi, le système politique canadien exacerbe les divergences entre les forces ouvrières, et tant que ce régime persistera, il ne pourra y avoir de solidarité et de coopération efficace entre la classe ouvrière québécoise et canadienne. Même dans l'éventualité de l'établissement du socialisme, la souveraineté-association offrira une base d'entraide et de solidarité plus harmonieuse et efficace que dans le cadre d'un régime politique centralisé, comme c'est le cas dans les États socialistes où se reproduisent les tendances à la domination de la nation majoritaire sur les minorités nationales.

Henri Gagnon définit clairement le rapport entre la classe ouvrière et la souveraineté du Québec:

> À ce moment de l'histoire où la bourgeoisie canadienne et les multinationales s'efforcent d'étouffer le mouvement pour une plus grande indépendance nationale des Québécois, les travailleurs ne doivent pas camper à l'extérieur de la nation. Au contraire, il leur appartient de relever le drapeau national et de remplir un rôle positif dans la lutte de libération populaire et nationale des Québécois. Ils n'ont pas à sacrifier ni leur fierté, ni leurs aspirations nationales au nom de la solidarité ouvrière et de la transformation progressive de la société. Car aujourd'hui, à travers le monde, le droit des nations à disposer d'elles-mêmes et l'exercice de ce droit sont devenus une partie de la lutte pour un monde meilleur. Dans le contexte actuel, les droits nationaux du peuple québécois et les revendications des ouvriers du Canada sont l'enjeu d'un même combat[2].

---

2   Henri Gagnon, *Fermetures d'usines ou bien libération nationale,* Montréal, 1979, p. 214.

Pour Henri Gagnon, la souveraineté-association sera positive pour la classe ouvrière, car elle fournira un cadre où les travailleurs pourront être en prise plus directe avec les décisions qui affectent leurs intérêts économiques.

L'économie du Québec est soumise à la double dépendance de l'État fédéral et des entreprises multinationales. En raison de cette domination étrangère, les travailleurs du Québec sont les premières victimes des fermetures d'usines et de la disparition d'emplois qui résultent de la crise structurelle du capitalisme. Dans le fédéralisme canadien, le pouvoir économique est des plus centralisé, car le gouvernement fédéral possède le droit exclusif de légiférer sur les plus importantes questions d'ordre économique, tandis que les provinces ont des fonctions secondaires et leur action doit s'inscrire dans la logique des politiques adoptées à Ottawa.

Cette situation affecte directement les conditions de vie et de travail de la classe ouvrière, car elle influence les lieux d'implantation des entreprises, le niveau de l'emploi et son corollaire, le taux de chômage. D'autres mesures comme le gel des salaires, les coupures de prestations de chômage et le durcissement de la Commission d'assurance-chômage relèvent du pouvoir fédéral. Il faut aussi constater que les politiques commerciales du gouvernement fédéral ont eu des effets désindustrialisants au Québec, et ont favorisé la concentration des industries en Ontario et plus récemment dans l'Ouest. L'économie québécoise subit non seulement les effets d'une crise de l'économie capitaliste à l'échelle mondiale, mais aussi les conséquences d'une concentration économique au Canada, qui a pour résultat de déplacer progressivement vers l'Ouest l'axe de l'industrialisation. Ainsi, entre 1961 et 1971, alors qu'il y avait une baisse du nombre des travailleurs dans le secteur secondaire au Québec, le nombre des cols bleus en Ontario augmentait de 17%. Ceci implique que la main-d'œuvre québécoise est forcée d'être plus mobile que la main-d'œuvre ontarienne, et que cette mobilité peut avoir pour elle des effets de déqualification, puisque le travailleur québécois pour trouver un emploi dans les autres provinces devra accepter de travailler en anglais et, s'il ne s'assimile pas, il sera moins concurrentiel sur le marché du travail. L'économiste Pierre Fortin écrit à ce propos:

> Il faut se rendre compte que la stratégie fédérale de développement industriel a créé des distorsions sérieuses dans les patterns régionaux de croissance économique, et qu'elle a aidé à transformer le Québec en assisté social plutôt qu'en une économie génératrice de son propre développement[3].

Dans le système politique fédéral, le gouvernement provincial est démuni et impuissant à enrayer le phénomène de la désindustrialisation. Il ne dispose pas des leviers de commande de l'économie et n'a aucun pouvoir de réglementation du marché. Ce qui est en jeu pour la classe ouvrière, c'est la possibilité de continuer de travailler au Québec et de profiter collectivement des richesses naturelles qui, au lieu d'être exportées à l'état brut, pourraient être transformées sur place. Mais ceci suppose un réaménagement du partage des pouvoirs économiques, entre autres au niveau de la politique commerciale et monétaire, puisque, dans une économie ouverte, l'accès aux marchés extérieurs conditionne les possibilités de développement industriel. Dans le cadre du fédéralisme, le Québec ne peut déterminer le choix des priorités, et a été contraint de se spécialiser dans l'extraction de matières premières et la production de produits semi-finis.

Ces industries basées sur les ressources naturelles nécessitent une forte composition organique du capital, ce qui implique une faible utilisation de la main-d'œuvre. Les industries de transformation, qui emploient intensivement la main-d'œuvre et commandent de hauts salaires, ont été

---

3 P. Fortin «Le bilan économique du fédéralisme canadien», *Le Devoir,* 4 janvier 1978.

implantées en Ontario et aux U.S.A. Un exemple intéressant à cet égard est celui de l'amiante. Ce secteur industriel est contrôlé par des capitaux américains. L'extraction du minerai occupe 6 000 travailleurs au Québec. Pour leur part, les entreprises effectuant la transformation au Québec emploient 1 225 ouvriers. Aux U.S.A., par contre, il y a 22 000 emplois industriels liés à la transformation de l'amiante, auxquels s'ajoutent 2 000 emplois dans le secteur de la recherche. La Johns Manville, par exemple, n'a qu'une seule manufacture au Québec qui emploie 475 travailleurs, alors qu'elle possède 46 usines aux U.S.A. Il y a seulement 2% de l'amiante extrait au Québec, qui est transformé ici en produits finis, de sorte qu'on doit importer l'amiante sous forme de produits finis[4]. Étant donné cette structure de dépendance favorisée par les politiques fédérales, il n'est pas étonnant de constater que les travailleurs du Québec ont des bas revenus et un taux de chômage plus élevé. Le taux de chômage moyen entre 1957 et 1976 fut au Québec de 7,4%, alors qu'il n'était que de 4,3% en Ontario, et de 5,6% au Canada.

Pour corriger cette situation, il ne suffit pas que l'État québécois intervienne pour favoriser l'implantation d'industries de transformation en prenant, par exemple, le contrôle de certains secteurs liés à l'extraction de la matière première; encore faut-il qu'il soit en mesure d'assurer des débouchés aux entreprises de transformation qu'il pourrait créer, en ayant accès aux leviers de commande économiques.

Les fermetures d'usines et la disparition progressive des emplois industriels au Québec ne s'expliquent pas par la conjoncture politique. Contrairement à ce que prétendent les fédéralistes qui veulent masquer les responsabilités et les conséquences du régime fédéral en jetant le blâme sur le Parti québécois, ces phénomènes sont liés à des tendances structurelles du système capitaliste, et elles ne peuvent être contrées que par une action énergique de

---

4 Voir Pierre Fournier, *The Quebec Establishment,* Montréal, Black Rose Books, 1976, p. 169.

l'État. Le fonctionnement des lois du marché dans le cadre du fédéralisme canadien a amplifié les effets de ces tendances pour l'économie québécoise car, à notre époque, la domination étrangère de l'économie et la disparition graduelle des emplois sont indissociables. Pour cette raison, le combat québécois pour une plus grande liberté politique et la lutte de la classe ouvrière convergent. Ce qui est en jeu, c'est l'obtention de plus de pouvoir pour l'État du Québec, afin qu'il soit en mesure de freiner la baisse des emplois industriels, et qu'il puisse initier une stratégie de développement économique plus avantageuse pour les Québécois.

La vie économique dans les pays industrialisés est régie par le pouvoir des firmes multinationales et par la concentration du pouvoir politique, ce qui signifie que les pouvoirs effectifs sont à l'extérieur du Québec. C'est à New York, Washington et Ottawa que s'élaborent les stratégies et que se prennent les décisions qui affectent notre destin. Notre capacité en tant que collectivité d'influencer ces décisions est très réduite, pour ne pas dire insignifiante, dans l'état de choses actuel. Nous avons vu précédemment (au chapitre III) que dans les situations de crise économique comme c'est le cas de nos jours, les capitalistes cherchent à rationaliser la production en exigeant une plus grande centralisation du processus de décision, et en concentrant les capitaux de façon à créer des monopoles de plus en plus puissants. Puisque la bourgeoisie canadienne-française est faible et subordonnée à la bourgeoisie canadienne, et puisque la présence des francophones dans les structures politiques varie selon la conjoncture électorale et n'est pas, de toute façon, déterminante, il en résulte que les intérêts socio-économiques du Québec ne comptent pas et ne sont pas défendus là où se négocient les politiques et les stratégies visant à la reproduction élargie du capital. Dans ce contexte, le sort des travailleurs québécois n'est pas pris en considération et est soumis aux vicissitudes de la logique de l'accumulation du capital à l'échelle mondiale. Dans le processus de réorganisation de l'économie capitaliste qui est en cours, cette situation de dépendance risque d'entraîner des conséquences désastreuses et d'accentuer encore plus la faiblesse industrielle du Québec, si rien n'est fait pour modifier le rapport des forces.

Le capitalisme, pour survivre comme système économique, doit constamment rechercher la maximisation des profits et, puisque ceux-ci sont créés par la force de travail humaine, il en résulte un conflit permanent entre le capital et le travail. Dans la phase monopoliste du capitalisme où dominent les firmes multinationales, où la division du travail se fait à l'échelle mondiale et où la science et la technique sont devenues les principales forces productives, il y a deux façons de maximiser les profits: soit en augmentant la productivité par l'introduction d'innovations techniques, ce qui réduit le nombre de travailleurs, soit en déménageant les usines dans les pays où la main-d'œuvre est bon marché et peu organisée. D'ailleurs, on fabrique aujourd'hui des usines facilement transportables d'un pays à l'autre. Ceci explique que la tendance dans la plupart des industries soit non pas à la création d'emplois, mais à l'élimination de l'emploi.

La modernisation industrielle signifie utiliser l'automation pour réduire la part de la force de travail humaine dans le procès de production, et tous les secteurs industriels importants seront touchés dans les années à venir par cette conséquence de l'utilisation de la science et de la technique comme force productive. Cette réduction du travail salarié dans l'activité directement productive sera encore plus accentuée dans les économies qui ne sont que faiblement pourvues en secteurs de pointe, c'est-à-dire qui ne produisent pas les innovations techniques et qui doivent les importer. C'est notamment le cas du Québec qui, dans plusieurs secteurs industriels à forte densité technologique, à l'exception de l'hydro-électricité, est dépendant des États-Unis, où les firmes multinationales concentrent leurs activités de recherche-développement, et où sont fabriqués les nouveaux équipements.

Au Québec, seul l'État a la capacité d'infléchir cette tendance en investissant dans les secteurs stratégiques, afin de valoriser les avantages comparatifs dont nous disposons et de corriger les déséquilibres du secteur secondaire, qui, au Québec, se caractérise par la prédominance de l'industrie légère où la technologie est peu developpée, la productivité faible, et où la rentabilité repose sur l'emploi d'une main-d'œuvre à bon marché. Ce type d'industries est très vulnérable aux variations cycliques et à la concurrence étrangère. Jusqu'à présent, l'Ontario, profitant du processus cumulatif de la croissance créé par les décisions d'Ottawa, a concentré l'industrie lourde, comme l'industrie automobile.

Ce phénomène est bien illustré par le tableau comparatif de la répartition des expéditions manufacturières en millions de $ pour 1964.

	Québec		Ontario	
Industries liées aux ressources naturelles	2,131	24%	3,130	20%
Industries légères	3,917	45%	4,414	28%
Industries lourdes	2,716	31%	8,298	52%

Ce décalage entre les structures industrielles du Québec et de l'Ontario a des conséquences considérables sur le niveau de vie, sur le taux de croissance, sur le chômage, et sur le potentiel d'invention technologique. En effet, c'est l'industrie lourde qui paie les salaires les plus élevés, qui fait appel à la main-d'œuvre la plus qualifiée, qui se développe le plus rapidement, qui a le plus d'effets d'entraînement et qui suscite le plus de recherche scientifique. Dès lors, il n'est pas étonnant de voir apparaître des écarts considérables dans les moyennes du taux de chômage d'une région en % de la moyenne du Canada*.

Période	Canada	Québec	Ontario
1945-50	100	116,6	76,6
1951-59	100	133,3	76,2
1960-69	100	133,2	75,6
1970-74	100	136,2	75,9

Le redressement de la structure industrielle du Québec ne peut se faire sans la conquête de nouveaux pouvoirs fiscaux et législatifs. Si les structures politiques canadiennes demeuraient inchangées, la tendance à la désindustrialisation ne pourrait que s'accentuer, car les forces économiques dominantes ont intérêt à soutenir le processus de concentration industrielle amorcé depuis la Confédération en Ontario et plus récemment dans l'Ouest. À cet égard, il est significatif de constater que la répartition de la recherche-développement publique est très inégale au Canada puisqu'en 1973, 14% de cette recherche (soit l'équivalent de $9 par habitant) était effectuée au Québec, alors que 57% (soit $28 par habitant) l'était en Ontario, et 29% dans le reste du Canada.

On peut évidemment choisir de laisser les autres déterminer les stratégies de développement économique et de se résigner à notre sort, soit parce que nous acceptons notre impuissance et nous parions sur la générosité des capitalistes qui devront nous entretenir, soit parce que nous avons une vision mécaniste de l'histoire et que nous pensons que ce laisser-faire sera catastrophique, exacerbera les contradictions et entraînera une radicalisation éventuelle de la classe ouvrière. Ces deux attitudes nous mènent collectivement à l'aventure et procèdent d'un attentisme stérile, car l'avenir risque de se faire sans nous.

---

*Source: R. Tremblay et autres, *L'Économie québécoise*, p. 258.

À moins d'accepter de devenir une classe d'assistés sociaux et de chômeurs, les travailleurs québécois ont besoin d'un accroissement des pouvoirs de l'État pour maintenir leurs acquis et défendre leurs intérêts économiques immédiats, ce qui est en même temps indispensable pour leur assurer à long terme la force stratégique nécessaire pour lutter contre l'oppression de classe.

Il y a beaucoup plus de risques à long terme à ne vouloir rien changer qu'à tenter de modifier dans une perspective égalitaire la structure de l'État canadien. À notre époque où les centres de décisions tendent à se concentrer, la souveraineté nationale et la libre association avec le Canada sont des conditions indispensables pour assurer la persistance dynamique du peuple québécois. La souveraineté-association permettra au Québec d'intervenir directement dans les négociations sur les questions économiques, et accroîtra notre marge de manœuvre dans la mise en valeur de nos ressources tant matérielles qu'humaines. Ce projet représente la possibilité de participer nous-mêmes à l'orientation de notre économie, soit pour stimuler sa croissance, soit pour répondre au problème du chômage, en concentrant les investissemens collectifs sur le développement d'industries créatrices d'emplois. Dans le contexte du capitalisme monopoliste et de la révolution scientifique et technique, l'État québécois est le principal outil collectif dont disposent la classe ouvrière et le peuple québécois pour défendre leurs intérêts et construire démocratiquement leur devenir historique.

CONCLUSION

Le temps des réalisations

La question posée aux Québécois va bien au delà des querelles d'hommes, de partis et d'ambitions, car l'enjeu du référendum sur la souveraineté-association est la persistance et l'épanouissement du peuple québécois en tant que communauté structurée. Le choix de la souveraineté politique se fonde à la fois sur l'expérience du passé et sur les perspectives d'avenir, qui se dégagent des tendances démographiques, économiques et politiques que nous avons décrites précédemment. Au terme de cette analyse, nous pensons que pour le peuple québécois, le contrôle de tous les pouvoirs politiques propres aux États souverains est devenu une nécessité historique, en ce sens où c'est la seule façon d'inverser un processus de désintégration qui, autrement, serait inéluctable et fatal. C'est le seul moyen d'enrayer le processus de dépossession qui nous affecte collectivement, depuis la colonisation britannique.

En effet, on peut constater qu'à travers l'histoire du Québec, la tendance la plus significative pour la collectivité francophone a été la dépossession progressive des pouvoirs. La position, privilégiée au départ, des milieux canadiens-anglais, transmise d'une génération à l'autre, l'absence d'une bourgeoisie nationale, la carence de l'État provincial à intervenir dans le domaine économique et son impuissance à planifier l'économie, la ponction faite au capital national par les impôts fédéraux ont fait que l'économie québécoise a toujours été organisée et exploitée par des intérêts étrangers, ce qui a provoqué et entretenu des déséquilibres profonds dans notre structure industrielle et une dépendance générale de notre économie. Dans le

contexte actuel, la dépossession économique est une situation dont un peuple ne peut espérer sortir sans une libération politique.

Nous avons aussi été dépossédés par la force des
armes et, par la suite, par la force du nombre des pouvoirs
politiques avec l'échec de la Rébellion de 1837-38, et par
l'établissement du fédéralisme qui nous condamne au
rachitisme politique perpétuel en nous maintenant dans
une situation de minoritaires. Par le système fédéral, on
nous a privés de tout pouvoir réel en nous octroyant la
fiction d'une participation à un ensemble, où nous serions
définitivement noyés et dont le fonctionnement nous voue
à une impuissance chronique. Et maintenant, pointe à
l'horizon, dans les lueurs du capitalisme de l'an 2000, la
perspective de la dépossession des pouvoirs sociaux et, à la
limite, de notre identité culturelle. C'est ce processus que
Pierre Vadeboncœur a appelé le génocide en douce.

Dans la perspective du nationalisme traditionnel,
notre «vocation» agricole, la forte natalité, le contrôle de
l'Église sur l'éducation et les services sociaux, de même
que le partage des pouvoirs dans le cadre de la Confédération canadienne étaient présentés comme des garanties
suffisantes pour la persistance des Canadiens français.
L'existence de notre collectivité était assurée tant qu'elle
demeurait en dehors de l'histoire, tant qu'elle était enfermée dans l'univers rural et isolée de l'influence économique, culturelle et linguistique de la communauté anglophone. Mais, à long terme, cette idéologie dominante
véhiculée par les élites traditionnelles s'avéra irréaliste,
inefficace et impuissante devant les changements imposés
par le développement économique. L'industrialisation et
l'urbanisation réalisées par des forces économiques étrangères détruisirent les barrières traditionnelles, qui servaient
à protéger la communauté francophone.

Le nationalisme qui était fondé sur la défense de la
religion, de la langue et des traditions sera dépassé par les

exigences des sociétés industrielles. L'industrialisation entraînera une croissance de l'assimilation, car, pour gagner sa vie dans les centres urbains, le Québecois doit travailler en anglais. Il est ainsi plus vulnérable, car il pénètre dans un environnement qui ne lui appartient pas et qu'il ne contrôle pas collectivement, étant dépossédé des pouvoirs économique et politique. De plus, sur le plan politique, il voit son pouvoir s'amenuiser en raison des tendances démographiques et des tendances centralisatrices de l'État fédéral, qui remet en question l'autonomie provinciale qui avait toujours été la pierre d'assise des nationalistes.

Dans le contexte d'une économie dominée par des intérêts étrangers, de plus en plus concentrée, qui exige la centralisation du pouvoir politique, l'idéologie nationaliste se modernisera en se donnant un contenu politique, en voulant utiliser l'État pour assurer la permanence et le développement de la communauté francophone. Pour ce faire, cet État doit être souverain, c'est-à-dire que les francophones qui sont majoritaires au Québec doivent pouvoir maîtriser les mécanismes de décisions politiques et ainsi, pouvoir déterminer leur avenir en fonction de leurs besoins.

Ce projet est une réaction logique aux conséquences de l'entrée du Québec dans la modernité industrielle, car il redéfinit la stratégie de résistance à l'assimilation des francophones en fonction de ce nouveau contexte qui exige la souveraineté, pour que nous puissions exister collectivement.

Les tendances à la concentration et à l'intégration représentent à la fois des menaces et des exigences pour le peuple québécois. Les forces économiques et sociales dominantes, pour maintenir *leur* hégémonie, favorisent l'uniformisation, la standardisation et l'effacement de la différence. L'affirmation de la personnalité et de la spécificité des petits peuples est un obstacle aux visées expansionnistes de ces forces et *leurs* intérêts imposent une logi-

que qui mène inéluctablement à l'élimination des différences linguistiques, culturelles et ethniques.

L'avènement du marché mondial, des communications de masse à l'échelle planétaire et de la science comme
force productive directe implique la concentration et la
centralisation des pouvoirs et *leur* corollaire, la disparition
des divers champs d'autonomie à la fois dans les rapports
individuels et collectifs. La nécessité capitaliste de l'unification implique une interdépendance hiérarchisée qui mène à long terme au dépérissement des nations et de leurs
caractéristiques spécifiques.

Le programme de l'internationalisme du capital
consiste à briser toutes les barrières culturelles, institu-
tionnelles et politiques susceptibles d'entraver son expansion. Le capitalisme détruit les richesses culturelles amas-
sées par les peuples à travers les siècles, en uniformisant les
modes de vie et les comportements. Cette richesse est
constituée par l'extraordinaire diversité que représente
l'éventail des cultures et des différences, où les hommes
puisent leur fécondité intellectuelle, esthétique et morale.
Cet acquis des civilisations est menacé de destruction par
la logique de la marchandise, qui est fondée sur l'équiva-
lence et l'uniforme.

Les diverses communautés ne peuvent plus vivre
isolées et survivre par leur isolement géographique et/ou
culturel. Ces protections sur lesquelles se fondaient les
stratégies défensives des élites traditionnelles canadiennes-
françaises n'ont plus aucune efficacité car elles sont à la
merci de forces extérieures, sur lesquelles nous n'avons
aucun contrôle. Vouloir répéter ces stratégies et faire
confiance à ces forces qui nous dominent, comme le pro-
pose le Parti libéral, c'est favoriser l'anémie collective du
peuple québécois.

Dans le contexte du capitalisme monopoliste qui
tend à réduire les pouvoirs locaux, nous faisons face au

dilemme suivant: ou bien nous nous soumettons à ces tendances, et dès lors nous acceptons l'intégration politique et sa conséquence, la folklorisation du peuple québécois; ou bien nous choisissons de résister à cette déchéance collective et tentons de nous donner le seul moyen efficace pour changer le rapport de force, c'est-à-dire le contrôle du pouvoir politique par l'accession à la souveraineté.

La souveraineté politique est la seule façon de mettre fin à la logique de notre impuissance collective, structurée par un système politique qui perpétue en l'aggravant notre état minoritaire et conduit à l'érosion progressive de notre existence. Se gouverner soi-même est non seulement une ambition légitime, mais c'est devenu une nécessité pour échapper au génocide culturel inscrit au programme des intérêts économiques dominants. Un peuple qui accepte un système politique qui le condamne à être minoritaire et réduit à une stratégie défensive n'a pas d'avenir. Il s'épuisera et gaspillera ses forces vives dans une résistance perpétuelle et dans des luttes stériles, parce que soumises à la logique des recommencements. Pour ne pas dépérir, une société a besoin de réalisations, et celle qui est à l'ordre du jour pour le Québec de demain, c'est notre liberté collective.

Opter pour la souveraineté, c'est vouloir mettre fin à la résignation et à la démission. C'est vouloir plus de pouvoir collectif pour mettre fin à la stagnation économique et à la déchéance sociale. C'est aussi vouloir favoriser l'émergence de pouvoirs démocratiques et populaires, car la souveraineté est l'extension à la collectivité nationale du principe de l'autogestion. C'est s'assurer que les décisions qui nous touchent se prennent en fonction de nos besoins, en fonction de nos ressources et en fonction d'objectifs que nous aurons nous-mêmes fixés.

Choisir la souveraineté, c'est en définitive un vote de confiance au peuple québécois.

Achevé d'imprimer
en octobre mil neuf cent soixante-dix-neuf
sur les presses de l'Imprimerie Gagné Ltée
Louiseville - Montréal.
Imprimé au Canada